ENSEIGNER DIFFÉREMMENT AVEC LES TICE

Éditions d'Organisation
Groupe Eyrolles
61, bd Saint-Germain
75240 Paris Cedex 05

www.editions-organisation.com
www.editions-eyrolles.com

Le code de la propriété intellectuelle du 1er-juillet 1992 interdit en effet expressément la photocopie à usage collectif sans autorisation des ayants droit. Or, cette pratique s'est généralisée notamment dans l'enseignement, provoquant une baisse brutale des achats de livres, au point que la possibilité même pour les auteurs de créer des œuvres nouvelles et de les faire éditer correctement est aujourd'hui menacée.

En application de la loi du 11-mars 1957, il est interdit de reproduire intégralement ou partiellement le présent ouvrage, sur quelque support que ce soit, sans autorisation de l'éditeur ou du centre français d'exploitation du droit de copie, 20, rue des Grands-Augustins, 75006 Paris.

© Groupe Eyrolles, 2011
ISBN : 978-2-212-55171-6

Pascal Bihouée – Anne Colliaux

ENSEIGNER DIFFÉREMMENT AVEC LES TICE

Éditions d'Organisation

Sommaire

PARTIE 1
CONNAÎTRE LES ÉLÉMENTS INDISPENSABLES À UN BON USAGE DES TICE

FICHE 1
CERNER LES ENJEUX 3
    Un outil indispensable 3
    Des besoins 5

FICHE 2
S'ÉQUIPER D'UN ORDINATEUR ADAPTÉ À VOS BESOINS 9
    Un ordinateur sur-mesure 9
    La bonne configuration 11

FICHE 3
CHOISIR SES LOGICIELS 15
    Différents types de logiciels 15
    Faire le bon choix 17

FICHE 4
GÉRER SES DOCUMENTS DE TRAVAIL 23
    Question de format 23
    Une gestion efficace 25

FICHE 5
CONNAÎTRE LES DROITS LIÉS AUX TECHNIQUES NUMÉRIQUES 29
    Rappel de la loi 29
    Usage pédagogique 31

FICHE 6
SAVOIR UTILISER LES RESSOURCES INFORMATIQUES 37
    Le matériel multimédia 37
    Exploiter la salle informatique 40

FICHE 7
UTILISER LES TICE EN TOUTE SÉCURITÉ 43
    Protéger votre ordinateur 43
    Protéger les utilisateurs 46
    Sensibilisation 48

Fiche 8
TROUVER DES INFORMATIONS SUR LE NET 51
    Distinguer les outils de recherche 51
    Effectuer une recherche méthodiquement 53

Fiche 9
SE TENIR INFORMÉ 59
    Les informations pertinentes 59
    Un travail de veille 61

PARTIE 2
MAÎTRISER DIFFÉRENTS OUTILS NUMÉRIQUES POUR DEVENIR UN « INGÉNIEUR PÉDAGOGIQUE »

Fiche 10
ÉLABORER SES DOCUMENTS DE COURS 67
    Les logiciels adaptés à vos besoins 67
    Un document de qualité 71

Fiche 11
RÉALISER ET DIFFUSER DES DOCUMENTS MULTIMÉDIAS 75
    Utiliser le multimédia 75
    Développer des animations multimédias 79

Fiche 12
UTILISER LE TABLEAU NUMÉRIQUE INTERACTIF 83
    Présentation du tableau interactif 83
    Les fonctionnalités du TNI 84
    Une démarche collective 87

Fiche 13
RÉCUPÉRER ET TRAITER DES DONNÉES NUMÉRIQUES 91
    Principe de l'EXAO 91
    Utiliser un tableur 92

Fiche 14
GÉRER UNE APPLICATION WEB 97
    Choisir son application 97
    Aspect technique 98
    Administration de l'application 101

Fiche 15
Exploiter les possibilités de sa messagerie 105
    Comprendre la messagerie électronique 105
    Bien utiliser sa messagerie 108
    Intérêts pédagogiques 110

Fiche 16
Utiliser un environnement numérique de travail 113
    Un portail unique 113
    Un espace pédagogique 115
    Vers une nouvelle dynamique 117

Fiche 17
Former à distance 119
    La visioconférence 119
    Formation ouverte à distance 121

PARTIE 3
METTRE EN PLACE DES DISPOSITIFS POUR MIEUX ACCOMPAGNER LES ÉLÈVES DANS LEUR APPRENTISSAGE

Fiche 18
S'organiser grâce au cahier de textes numérique 127
    Le cahier de textes, version papier ou numérique 127
    Un outil bien pratique 129

Fiche 19
Favoriser les échanges et le travail collaboratif 133
    Un travail collectif 133
    Échanger à tout moment 137
    Ouverture vers l'extérieur 139

Fiche 20
Rendre les élèves acteurs par le jeu 141
    Serious games 141
    Concevoir des activités ludiques 143

Fiche 21
Utiliser la baladodiffusion 147
    Une nécessité pédagogique 147
    Des documents authentiques 149
    Une évolution des pratiques 151

Fiche 22
Utiliser les outils de cartographie numérique 153
    Que sont les SIG ? 153
    Utiliser les SIG dans l'enseignement 155

Fiche 23
Proposer des parcours pédagogiques différenciés 159
    Préparer un parcours 159
    Obligation de moyens 161

Fiche 24
Évaluer 165
    Des évaluations de qualité 165
    Les résultats 167

Fiche 25
Développer un environnement personnel d'apprentissage 171
    Principe de base 171
    Intérêts pédagogiques 173
    Quelle application ? 174

Glossaire

Sitographie
    S'informer, se former 181
    Sécurité, droit 181
    Utilitaires 182
    Ressources pédagogiques 184
    Diffusion, partage 185
    Créer son site Web 185

Partie 1

Connaître les éléments indispensables à un bon usage des TICE

Fiche 1

Cerner les enjeux
Atout TICE

Les technologies de l'information et de la communication pour l'enseignement (TICE) sont de plus en plus présentes dans la vie quotidienne et modifient votre mode de vie et de communication. Cette nouvelle culture du numérique entraîne une profonde évolution dans le domaine de l'éducation, en particulier dans vos pratiques.

UN OUTIL INDISPENSABLE

Une volonté institutionnelle

Devant ce développement des nouvelles technologies de l'information et de la communication, l'un des rôles de l'école est d'apporter aux citoyens de demain la formation à la culture scientifique et technologique, et l'éducation aux médias.

Dans ce contexte, l'ensemble des programmes et directives pédagogiques accorde une place effective aux TICE. Dans le but de soutenir et de valoriser les efforts éducatifs relatifs aux TICE, un brevet informatique et Internet (B2i) a été instauré depuis 2001. C'est une attestation qui comporte trois niveaux de maîtrise : école, collège, lycée. Les compétences sont déclinées selon cinq domaines :
- domaine 1 : s'approprier un environnement informatique de travail ;
- domaine 2 : adopter une attitude responsable ;
- domaine 3 : créer, produire, traiter, exploiter des données ;
- domaine 4 : s'informer, se documenter ;
- domaine 5 : communiquer, échanger.

Elles sont validées suite à des activités pédagogiques menées dans le cadre d'apprentissages disciplinaires ou interdisciplinaires. À terme, le B2i atteste que le jeune est à même de faire des TIC une utilisation raisonnée, de percevoir les possibilités et les limites des traitements informatisés, de faire preuve d'esprit critique face aux résultats de ces traitements, et enfin, d'identifier les contraintes juridiques et sociales dans lesquelles s'inscrivent ces utilisations.

> **EN PRATIQUE**
>
> Depuis la session 2008, l'obtention du B2i niveau collège est nécessaire pour l'obtention du brevet. Il existe dans certains établissements de réelles difficultés pour mettre en place la validation des compétences. N'hésitez pas à encourager (si cela n'est pas déjà fait) votre établissement à utiliser l'application Gibii. Depuis 2009, des académies proposent le portail Obii qui a pour vocation, à terme, de remplacer Gibii. Le principe : les élèves demandent des validations d'items depuis Internet et les professeurs les valident ou non. Cet outil présente un double intérêt : une gestion de la validation facilitée par une interface toute prête (plus de dossiers qui s'accumulent !) et des élèves davantage concernés.

En février 2010, et suite à une large consultation, un rapport intitulé « Réussir l'école numérique » (*http://www.reussirlecolenumerique.fr/*), a été remis par le député Jean-Michel Fourgous. Il définit douze priorités et propose soixante-dix mesures pour imposer l'usage du numérique auprès des écoliers, collégiens et lycéens de France, et ainsi moderniser l'école. Il fait un état des lieux précis de la situation française par rapport à l'usage des TICE et préconise des actions en termes d'équipements, de formation des enseignants, etc.

Par ailleurs, des organismes du ministère ont pour mission de développer l'usage des TICE. L'Agence nationale des usages des TICE (*http://www.agence-usages-tice.education.fr*) accompagne la politique de développement de l'usage des technologies éducatives en concentrant son action sur les priorités nationales. C'est un service du ministère de l'Éducation nationale mis en œuvre par le Centre national de documentation pédagogique. Créée en 2004, elle coordonne des équipes SCÉRÉN (Services, Culture, Éditions, Ressources pour l'Éducation nationale) ou des équipes de recherche universitaire pour la réalisation d'études visant à comprendre le développement et l'intégration des usages des TICE dans les pratiques enseignantes. Elle publie des rapports sur l'usage des TICE.

Intérêts pédagogiques

L'exploitation des TIC présente de nombreux atouts pédagogiques :
- proposer des démarches originales et des activités innovantes grâce à la richesse et à la diversité des supports (texte, image, audiovisuel) ;
- augmenter les échanges entre les élèves, développer le travail collaboratif (▶ fiche 19) ;
- faire de la pédagogie différenciée avec un groupe travaillant en autonomie sur les postes informatiques pour consacrer votre temps à un second groupe (▶ fiche 23) ;
- toucher des élèves « fâchés » avec certaines voies traditionnelles d'accès au savoir, en offrant de nouveaux modes d'apprentissage (▶ fiche 20) ;
- exploiter des logiciels (▶ fiche 3), faire des évaluations formatives (▶ fiche 24)…

Dans la plupart de ces exemples, vous n'êtes plus en situation frontale. Vous devenez souvent un accompagnateur et le rapport à l'élève se trouve ainsi renforcé.

DES BESOINS

Matériels

Le plan « Informatique pour tous » (1985) a permis d'initier les élèves des écoles de France à l'usage de l'ordinateur dès les années quatre-vingt-dix. Dans la foulée, l'utilisation d'Internet dans les établissements a commencé à se développer. Aujourd'hui, c'est l'expansion des environnements numériques de travail (▶ fiche 16), des tableaux numériques interactifs (▶ fiche 12), etc. Cependant, tous les établissements ne sont pas dotés de la même façon, des progrès restent à faire dans l'équipement.

Voici quelques données statistiques extraites du rapport « Réussir l'école numérique » de février 2010 illustrant l'état des lieux :
- la France possède ainsi 12,5 ordinateurs pour 100 élèves en moyenne, mais seulement 2 dans les écoles maternelles de plus de 180 enfants ;
- 45 % des établissements secondaires sont équipés d'un environnement numérique de travail (pour 88 % au Royaume-Uni).

La France se situe :
- au 8e rang européen pour l'équipement de ses établissements secondaires en ordinateurs ;

- au 12ᵉ rang européen pour l'équipement de ses écoles en ordinateurs ;
- au 12ᵉ rang européen pour la connexion de ses établissements scolaires en haut débit. Et du côté des foyers français : 69 % des Français disposent d'un ordinateur (91 % des 12-25 ans sont équipés) et 62 % ont un accès à l'Internet (pour une moyenne européenne de 54 %). Il est également souligné que les inégalités en matière d'équipement ont été divisées par 2 depuis 2000. Chaque année, une enquête nationale permet d'analyser l'évolution de quelques chiffres clés *(http://www.educnet.education.fr/plan/etic)*.

Le développement des TICE est une priorité du gouvernement, les établissements devraient donc voir leurs équipements s'accroître assez rapidement. L'une des mesures du plan « France numérique 2012 » vise justement à connecter et à les équiper au numérique si besoin.

> **BON À SAVOIR**
> Depuis quelques années, plusieurs établissements ont été choisis pour expérimenter des dispositifs TICE. Ils ont ainsi bénéficié d'un équipement approprié grâce à des subventions – c'est l'opération « Cartable électronique ». Par exemple, dans les Landes, depuis 2001, chaque collégien et chaque enseignant est doté d'un ordinateur portable, les salles de classe disposent d'outils permettant d'intégrer l'informatique dans la pratique quotidienne de la classe : imprimantes laser réseau, vidéoprojecteurs, tableaux interactifs complètent le dispositif...

Formations

Face à la montée en puissance des outils TICE au sein des établissements scolaires, la nécessité de former le personnel éducatif apparaît comme une évidence. À noter que ce point est intégré dans les mesures du plan « France numérique 2012 ». Plusieurs solutions s'offrent à vous :

- vous autoformer : le Web regorge de sites détaillant l'utilisation de logiciels, d'équipements spécifiques, donnant des exemples concrets d'utilisation pédagogique... Vous êtes ainsi dans la tendance en vous formant à distance. Veiller tout de même à sélectionner des sites fiables, par exemple : P@irformance *(http://national.pairformance.education.fr/)*, Educnet *(http://www.educnet.education.fr)*, les sites académiques dédiés aux TICE qui proposent parfois des formations à distance ;
- participer aux formations proposées par les organismes traditionnels. En fin d'année scolaire, vous consultez les catalogues de formation pour

vous inscrire, avec l'accord de votre chef d'établissement, à la formation de votre choix ;
- vous renseigner sur les animations de secteurs en consultant le site de votre académie, le panneau d'affichage de la salle des professeurs… Pensez à contacter le centre départemental de ressource pédagogique afin de connaître ses interventions en matière de TICE. Parfois, ils peuvent se déplacer dans l'établissement pour initier une équipe à l'outil qu'elle vient d'acquérir ;
- solliciter les personnes ressources dans le domaine des TICE au niveau de votre académie, de votre département ou simplement les collègues compétents au sein de votre établissement.

EN PRATIQUE

Le C2i (certificat Informatique et Internet), mis en place au niveau national, atteste de compétences dans la maîtrise des outils informatiques et des réseaux. Il est institué dans le but de développer, de renforcer et de valider la maîtrise des TICE. Il est articulé autour de deux niveaux, le niveau 1 attestant des compétences généralistes et transversales, et le niveau 2 attestant des compétences dans un domaine spécifique (pour vous, l'enseignement). Désormais, le certificat niveau 2 est nécessaire pour les enseignants en formation initiale. Si vous ne faites pas partie de cette nouvelle génération d'enseignants, sachez que certaines formations proposent en fin de parcours la validation du C2i.
Allez consulter le site *http://www2.c2i.education.fr/* pour faire un premier bilan de compétences.

Ça y est, le cadre est donné : les TICE sont en pleine effervescence et deviennent incontournables dans l'exercice de votre métier. Dans cette dynamique, il est nécessaire de faire le point sur ces nouvelles technologies. Exploiter ces techniques numériques va vous permettre d'adapter de nouveaux systèmes pédagogiques pour le plus grand bien de vos élèves. Au travail !

Fiche 2

S'équiper d'un ordinateur adapté à vos besoins

Vive la mémoire !

Choisir un ordinateur peut se révéler une épreuve délicate lorsqu'il s'agit de comprendre les descriptifs techniques des produits. C'est encore plus ardu si l'on débute ou que l'on n'a pas pris la peine de réfléchir à l'utilisation précise de l'ordinateur. Pourtant, connaître les caractéristiques de son ordinateur est essentiel. Un minimum de connaissances générales doit permettre de définir ses besoins, de faire un choix éclairé et d'éviter un investissement hasardeux.

UN ORDINATEUR SUR-MESURE

Définir vos besoins

Vous avez pris l'excellente initiative d'investir dans un nouvel ordinateur. Les offres sont souvent aussi séduisantes les unes que les autres. Mais les informations fournies par les constructeurs sont bien souvent difficiles à interpréter. Quels sont les critères pertinents qui peuvent vous aider à faire le bon choix ?

Avant tout, prenez le temps d'établir le cahier des charges que devra respecter votre ordinateur :

- listez les tâches qu'il doit être capable d'effectuer (traitement de texte, montage vidéo, etc.) ;
- définissez les lieux d'usage possibles (votre bureau, salle des professeurs, classe, etc.) ;
- précisez des usages précis des périphériques (transfert vidéo d'un caméscope, connexion au vidéoprojecteur, etc.).

Dans un second temps, l'analyse de vos exigences fournit des éléments de réponses précis à certaines questions essentielles :
- ordinateur de bureau ou portable ?
- quel système d'exploitation ?
- quelle configuration matérielle ?
- quelle connectique ?

Prendre le temps de bien réfléchir à tous ces éléments est obligatoire. Pour cela, consultez votre entourage sur ses propres expériences ou pratiques informatiques. Allez voir des spécialistes et confrontez les avis. Voici quelques pistes complémentaires pour éclairer votre pensée et alimenter votre réflexion.

Fixe ou portable

L'ordinateur de bureau présente en général l'avantage de la performance et de la fiabilité. Il est plus résistant et le fait qu'il soit fixe lui assure une plus grande longévité. Par ailleurs, la réparation d'un ordinateur de bureau est plus facile en cas de panne, sa mise à jour et le renouvellement de composants plus aisés qu'avec un ordinateur portable.

Un portable est adapté si vous désirez avoir à votre disposition votre ordinateur sur votre lieu de travail (en classe ou lors de réunions). En revanche, selon le portable, et en particulier le processeur et la batterie, l'autonomie peut être très variable. Pour la doubler, il suffira de disposer d'une batterie supplémentaire.

Depuis quelques années arrive sur le marché un nouveau concept : les mini-portables (Netbooks). Plus compacts, peut-être moins performants que leurs grands frères, leur petit format devient cependant un atout de mobilité et ils bénéficient souvent des logiciels identiques. Idéal donc pour les applications peu gourmandes en ressources telles que la bureautique et la navigation sur Internet.

> **BON À SAVOIR**
> Si votre portable est destiné à rester malgré tout à la maison, il pourra être branché grâce à son adaptateur secteur. Si votre ordinateur reste constamment sur le secteur et que la batterie est rechargée, il est conseillé de la retirer pour améliorer sa longévité.

Une fois votre choix fait, vous pouvez opter pour les ordinateurs fabriqués par de grandes marques, ou envisager des ordinateurs assemblés à partir de composants de marques différentes en fonction de vos propres exigences :

- l'ordinateur de marque a l'avantage d'offrir des machines de qualité, puisque les entreprises qui les produisent disposent en général d'une grande notoriété et sont ainsi soumises à des normes de fabrication strictes. Cependant, il est parfois difficile de procéder aux changements de composants sur ces types d'ordinateurs. La plupart du temps, ils sont fabriqués avec des composants qui permettent très peu d'évolutions : ajout de mémoire, etc. Sans parler de la compatibilité de leurs produits avec des composants du marché ;
- les ordinateurs assemblés sont par contre beaucoup plus personnalisables et sont plus faciles à faire évoluer. De par leur configuration, ils s'adaptent à de nombreux composants.

La technologie avançant à grands pas, les modèles d'ordinateurs sont de plus en plus nombreux. L'industrie informatique propose des ordinateurs toujours plus performants et complexes. De ce fait, nul ne peut être certain d'acheter un ordinateur pouvant résister au temps. Le renouvellement des versions de logiciels (toujours plus gourmands en ressources) est souvent à l'origine du renouvellement du matériel. Acceptez donc le fait que votre ordinateur performant risque d'être désuet dans quelques années et sa mise à jour coûteuse.

> **BON À SAVOIR**
> Consultez des sites comparatifs pour connaître l'actualité informatique. Au moment de choisir votre PC, n'oubliez pas de prendre en compte son bruit de fonctionnement. En magasin, n'hésitez donc pas à bien tendre l'oreille. Un ventilateur, un disque dur trop bruyant peuvent s'avérer gênants à l'usage.

LA BONNE CONFIGURATION

Architecture matérielle

Pour pouvoir fonctionner, votre ordinateur a besoin d'être équipé d'une carte mère, d'un microprocesseur, d'une mémoire centrale, d'une carte graphique, d'un écran, d'un clavier et d'un disque dur. À chaque composant correspond une tâche bien précise. La performance de votre ordinateur va donc dépendre du choix et de l'association de ces différents composants.

La carte mère se situe à l'intérieur du boîtier et c'est sur elle que sont fixés les autres composants internes de l'ordinateur comme le microprocesseur et la mémoire centrale. Elle a aussi pour fonction de gérer les relations entre ces différents composants :

- le processeur calcule et effectue toutes les opérations. Actuellement, les puissances des processeurs se situent entre 2 et 3 gigahertz. Mais la puissance n'est plus le seul critère de choix. Il existe des processeurs simples, doubles, ou quadruples. Préférez donc un processeur double 2 GHz à un simple processeur à 2,3 GHz car cela lui permet de traiter plusieurs instructions en même temps. Certains logiciels récents tirent également avantage de cette technologie. Il n'y a pas de règles précises quant à l'équivalence entre les processeurs, car de nombreux paramètres rentrent en compte dans la puissance réelle d'une unité centrale et ses possibilités ;
- la mémoire vive (RAM) est un indicateur de la capacité de votre ordinateur à travailler rapidement. Elle sert à stocker des informations temporaires utiles aux calculs effectués par le processeur. Un processeur puissant couplé à une petite mémoire vive ne sera pas très performant ;
- la carte graphique est constituée d'un circuit qui permet d'afficher toutes sortes de graphiques, y compris du texte, et permet ainsi à l'utilisateur d'interagir avec sa machine *via* une interface graphique ;
- le disque dur permet de stocker toutes vos données numériques. Il contient tous les fichiers nécessaires au fonctionnement du système d'exploitation et de tous vos programmes. Un disque dur externe peut compléter le dispositif ;
- les ordinateurs actuels sont équipés également d'un graveur de DVD. Sa vitesse de gravure importe peu : vérifiez plutôt qu'il soit multiformat, pour accepter tous les types de DVD et graver les disques vierges de 8,5 Go.

Pour une utilisation limitée aux tâches de traitement de texte, à la consultation Internet et aux opérations basiques de traitement d'images ou de photos, les exigences sont relativement réduites. Dans ce cas, inutile d'investir dans le tout dernier ordinateur du moment. En revanche, s'il s'agit de vous lancer dans des projets liés à l'enregistrement du son ou au montage audiovisuel, les performances de tous les composants (processeur, mémoire et carte graphique) devront être revues à la hausse. Expliquez clairement vos besoins à un spécialiste qui pourra alors vous orienter vers du matériel fiable et performant pour mener à bien vos projets.

Système d'exploitation

Le système d'exploitation (noté SE ou OS, abréviation de *Operating System*) est chargé d'assurer la liaison entre les ressources matérielles, l'utilisateur et les applications logicielles. Trois systèmes se partagent l'essentiel du marché : Windows, Mac OS et Linux.

Chaque système d'exploitation a ses détracteurs et ses défenseurs. Ils ont tous des avantages et des points faibles. Les trois systèmes d'exploitation ont acquis une telle maturité qu'il est désormais possible pour un utilisateur classique de réaliser ce qu'il veut avec n'importe lequel d'entre eux. Votre choix d'un système d'exploitation peut donc désormais se faire en fonction d'autres critères, comme la facilité d'utilisation, l'apparence, les performances, le prix…

- Dernièrement, Microsoft a proposé sa dernière version Windows 7, plutôt bien accueillie dans l'ensemble de ses performances. Utiliser Windows qui représente 90 % du marché vous garantit un choix important de logiciels. Pour un PC équipé de Windows Vista, la migration peut parfois se révéler délicate pour un non-spécialiste.
- Vous pouvez également opter pour Apple et le Macintosh. C'est un environnement simple et robuste qui intègre tout ce qu'il faut pour travailler dans de bonnes conditions. Le Macintosh est plutôt facile d'accès si vous êtes débutant et le système est bien protégé contre les virus. L'offre logicielle est moins importante.
- Une troisième voie se développe : Linux. Si vous débutez dans le monde de l'informatique et que vous n'avez jamais entendu parler de Linux, ne vous lancez pas seul dans l'aventure. Les distributions Linux ont certes fait beaucoup de progrès au niveau de la simplicité, néanmoins certaines fonctions ne sont pas encore suffisamment accessibles aux novices.

> **BON À SAVOIR**
> On pourrait croire qu'un logiciel peut fonctionner sur tous les systèmes d'exploitation. Ce n'est cependant pas toujours le cas. Aussi, avant de vous décider pour tel ou tel système d'exploitation, vérifiez bien que les logiciels que vous désirez vous procurer sont prévus pour le système de votre choix !

Choix de connectique

Un dernier élément à ne pas négliger lors de votre choix : les connexions. Vous ne pourrez tirer réellement parti de votre ordinateur sans avoir, auparavant, déterminé la liste des périphériques ou des appareils numériques susceptibles d'être utilisés dans vos activités d'enseignement ou de préparation. En fonction de vos besoins, vous devez exiger des interfaces spécifiques :

- un ordinateur doit aujourd'hui posséder au moins quatre prises USB 2.0 pour brancher facilement une clé USB, un lecteur mp3, une imprimante. Pensez à vérifier que certaines sont en façade. Elles permettent d'assurer les liaisons avec la plupart des périphériques actuels ;
- un lecteur de carte multiformat pour faciliter le transfert de données sans câble USB de vos appareils numériques et récupérer directement des données prises avec un appareil photo numérique ;
- une prise HDMI conseillée si vous envisagez de connecter un vidéoprojecteur ou tout autre appareil numérique de dernière génération ;
- une prise FireWire (appelée aussi IEEE 1394) pour connecter un caméscope numérique équipé de ce dispositif ou un disque dur externe, et assurer un transfert rapide des données volumineuses ;
- une entrée vidéo et un tuner TV sont indispensables pour enregistrer des extraits TV ;
- une sortie TV avec une interface VGA ou S-VGA ;
- une connexion WiFi pour la communication sans fil avec des périphériques (connexion Internet, imprimante, vidéoprojecteur, etc.).

Vous voilà désormais capable de poser les bonnes questions et donc de comparer les caractéristiques techniques des ordinateurs. En définissant précisément vos besoins et vos exigences, vous pourrez vous équiper d'un matériel adapté et ainsi tirer parti d'un ordinateur performant.

Fiche 3

Choisir ses logiciels
Tout un programme

Votre ordinateur vous accompagne de plus en plus dans votre travail au quotidien. Il vous permet de consulter vos e-mails, d'effectuer des recherches sur Internet. Vous disposez également de quelques logiciels de base pour élaborer vos documents de cours. Voilà un bon départ ! Mais face à toutes ces nouvelles technologies qui déferlent, quels sont les logiciels indispensables à l'exercice de votre métier ? Quels sont les éléments qui peuvent guider vos choix ?

DIFFÉRENTS TYPES DE LOGICIELS

Se procurer un logiciel est devenu, de nos jours, très simple. Par Internet, vous pouvez consulter un site spécialisé, commander en ligne et télécharger un logiciel en quelques clics. Mais, avant tout achat compulsif, vous devez savoir qu'il existe des logiciels libres et des logiciels propriétaires et que les conditions de vente et les droits d'usage ne sont pas toujours les mêmes. Un logiciel est, comme toute œuvre de création, soumis au droit d'auteur. La licence de votre logiciel détermine ses conditions d'utilisation.

Libre ou propriétaire

Un logiciel libre a deux caractéristiques principales : son code source est public et la licence qui le régit est libre. La plus connue est la licence publique générale GNU GPL. Pour résumer, elle fait référence à quatre types de liberté pour l'utilisateur du logiciel :
- la liberté d'exécuter le programme, pour tous les usages ;
- la liberté d'étudier le fonctionnement du programme, et de l'adapter à vos besoins ;

- la liberté de redistribuer des copies, donc d'aider votre voisin ;
- la liberté d'améliorer le programme et de publier vos améliorations.

> **BON À SAVOIR**
>
> Dans les logiciels libres, vous rencontrerez parfois deux appellations voisines : *free software* et *open source*. En utilisant la désignation Free Software, les développeurs mettent en avant la finalité philosophique de la licence (libertés de l'utilisateur). Le terme Open Source met plutôt l'accent sur la méthode de développement et de diffusion du logiciel (participation à plusieurs pour une meilleure qualité du logiciel).

Un logiciel propriétaire (appelé aussi privateur) est défini comme étant un logiciel non libre dont l'accès au code source est, en général, très protégé. Il est soumis à un contrat de licence utilisateur final (CLUF) qui vous ouvre certains droits d'utilisation. Vous n'avez pas le droit de distribuer des logiciels propriétaires à tire gratuit ou onéreux.

Gratuit ou payant

Les logiciels, qu'ils soient libres ou propriétaires, peuvent être gratuits ou payants :
- un gratuiciel (*freeware*) est un logiciel mis gratuitement à disposition par son créateur soit en tant que logiciel libre, soit en tant que logiciel propriétaire, auquel cas il est soumis à certaines contraintes quant à sa diffusion ;
- un partagiciel (*shareware*) est un logiciel propriétaire, protégé par le droit d'auteur, qui peut être utilisé gratuitement durant une certaine période ou un certain nombre d'utilisations. Après cette période de gratuité, vous devez rétribuer l'auteur si vous continuez à utiliser le logiciel. Durant la période d'utilisation gratuite, il est possible que certaines fonctions du logiciel ne soient pas disponibles (version de démonstration).

Il peut donc exister des gratuiciels non libres : ces logiciels comprennent des limitations particulières en plus de posséder les limitations habituelles du logiciel propriétaire.

> **EN PRATIQUE**
>
> PhotoFiltre est un logiciel de retouche photo gratuit (*http://photofiltre.free.fr/*) limité à un usage privé, non commercial ou éducatif. Si vous souhaitez utiliser PhotoFiltre à titre commercial ou professionnel, vous devez acheter une licence d'utilisation afin d'obtenir votre clé d'enregistrement.
> Dans la même catégorie de logiciels de traitement d'image, Gimp (*http://www.gimp.org/*) est un logiciel libre et gratuit. Notez cependant que la plupart des logiciels libres sont distribués gratuitement.

> **BON À SAVOIR**
>
> Avant tout achat, sachez qu'il existe des licences par poste, des licences pour un nombre défini de poste, des licences réseaux, licences mixtes, licences éducation… Toute installation d'un logiciel sur un poste en dehors du cadre prévu par sa licence d'utilisation constitue une violation du droit relatif à la propriété intellectuelle (et peut être assimilée à un délit de contrefaçon). Informez-vous au sujet de la politique d'équipement mise en œuvre dans votre établissement au niveau équipement logiciels. En fonction des produits utilisés, l'établissement doit être en mesure de fournir les licences des applications propriétaires.

FAIRE LE BON CHOIX

Pour trouver le logiciel de vos rêves, pas de soucis. Une multitude de sites commerciaux, d'associations d'utilisateurs est à votre disposition. Ils sont souvent classés par thèmes et une petite fiche présente leurs atouts. Mais ne vous contentez pas d'une lecture rapide de la présentation du logiciel, souvent pleine de qualités. Prenez plutôt le temps de comparer avec un logiciel concurrent et de consulter un collègue pour un avis plus éclairé.

- Framasoft (*http://www.framasoft.net/*) est une logithèque spécialisée dans les logiciels libres. Des centaines de logiciels sont répertoriés, présentés, testés et comparés (c'est important). Vous y trouverez également des liens vers des dossiers complémentaires.
- Il existe d'autres sites (par exemple *http://logicielseducatifs.qc.ca/*) visant à vous aider à trouver rapidement les logiciels dont vous avez besoin pour réaliser vos projets en classe. Des fiches d'évaluation, rédigées par des collègues enseignants, vous guident dans vos choix.

Le ministère de l'Éducation nationale a déposé à l'INPI la marque RIP (pour « reconnu d'intérêt pédagogique »). Cette marque est destinée à vous guider dans le monde du multimédia pédagogique. Un logo permet d'identifier les logiciels et les créations multimédias qui, après évaluation par des enseignants et des spécialistes du domaine et par décision d'une commission multimédia, répondent aux besoins et aux attentes du système éducatif.

> **BON À SAVOIR**
> Un logiciel peut être séduisant dans sa description, mais ne négligez pas l'aspect de sa prise en main. Certains logiciels sont performants, mais nécessitent un accompagnement ou une aide. Vérifiez s'il existe des tutoriels ou la possibilité de consulter un forum d'aide en ligne.

Version portable

Si vous ne souhaitez pas vous déplacer avec votre ordinateur portable (ou si le vôtre est fixe), pourquoi ne pas vous constituer un bureau portable ? Le principe est simple : sur une clé USB, vous copiez vos données et des logiciels d'un genre spécial appelés « programmes portables », que vous avez téléchargés (légalement !) sur des sites spécialisés. Lors de vos déplacements, il vous suffit de connecter votre clé à un ordinateur quelconque. Vos logiciels et vos documents sont alors immédiatement disponibles et la quasi-totalité des machines existantes conviennent.

Par rapport aux logiciels classiques, les programmes « portables » présentent une différence fondamentale : pendant leur fonctionnement, aucune donnée n'est copiée sur le disque dur de la machine hôte, aucun fichier n'est modifié sur cette dernière. Tous les programmes, fichiers de données, fichiers temporaires et informations de configuration sont stockés sur la clé USB.

C'est pour vous la certitude qu'une fois la clé débranchée, il ne restera pas la moindre trace de votre travail et de vos données sur l'ordinateur hôte. Le bureau portable est donc une solution intéressante si vous devez travailler sur un ordinateur dont vous n'êtes pas propriétaire. Comparés aux applications classiques, les programmes portables présentent un autre atout : ils sont généralement plus légers, donc plus rapides.

L'idée a germé au mois de juin car plusieurs fois dans l'année les élèves commençaient un diaporama, un texte, ou un travail sur logiciel et étaient dans l'impossibilité de le finir au même titre qu'un exercice de

maths ou de français. Comme je n'autorisais pas de clé USB personnelle pour des questions de sécurité interne à l'établissement ou n'ayant pas les logiciels installés chez eux, ces travaux n'étaient jamais menés à bien.

J'ai demandé la possibilité au directeur de tester le cartable numérique avec le niveau 4e. L'achat a été pris en charge par le collège et les clés sont prêtées pour une année scolaire.

La première problématique était de protéger la clé pour l'élève mais aussi le réseau de l'établissement par un antivirus simple et efficace comme « Clamwin » (http://fr.clamwin.com).

Puis, il a fallu tester plusieurs systèmes portables comme la liberkey et la framakey, mon choix s'est porté sur le logiciel « PSart » (http://www.trad-fr.com/telecharger/details.php?file=36) qui est un lanceur d'applications semblable au menu Démarrer de Windows. L'application étant elle-même un exécutable, il est possible de l'installer directement sur votre clé. Une fois le menu créé, vous pouvez réduire la fenêtre de « PStart » dans la barre de notification et accéder à vos applications d'un simple clic sur l'icône du logiciel.

La troisième étape fut le choix des logiciels. Une réunion fin juin a permis aux professeurs d'évoquer leurs difficultés dans l'usage des TICE et leurs cours. Ce temps a été l'occasion de leur proposer des logiciels. Ensemble nous avons donc élaboré un cartable numérique simple d'utilisation mais complet.

Les logiciels installés sur le cartable numérique :
- la suite OpenOffice a été choisie pour les exercices de traitement de texte, tableur, dessin et présentation assistée par ordinateur. « OpenOffice Impress » est d'une grande facilité d'exploitation par les élèves qui l'utilisent dans différentes matières comme la technologie, les SVT et les sciences physiques pour des travaux de synthèse de groupes ;
- « DSpeech » est un logiciel de synthèse vocale (http://dimio.altervista.org/eng) utilisable par les élèves en difficulté en français et en langues. Par un simple copier-coller, l'élève récupère un texte et le colle dans DSpeech pour pouvoir l'entendre. Une installation préalable des voix françaises, anglaises et espagnoles sur les ordinateurs est demandée pour son utilisation ;
- une application « Informatique et Internet » du CRDP de Grenoble permet à l'élève de découvrir à son rythme l'ordinateur et Internet pendant les cours ou à la maison ;
- Sinéquanon et Géogébra sont des applications pour les maths.

Le reste des applications sont utiles pour l'informatique tout en ayant un intérêt pédagogique :
- Audacity pour modifier un son ;
- 7-Zip pour la compression et décompression des fichiers ;
- Firefox, navigateur Internet ;
- Freemind qui permet une présentation de carte mentale ;
- Gimp pour travailler l'image ;
- Sweet Home 3D permet d'aborder une partie du programme de technologie ;
- Synkron synchronise des dossiers de plusieurs ordinateurs dans un travail nomade ;
- Sumatra PDF permet la lecture de fichier PDF simplement et rapidement ;
- VLC, le player vidéo totalement autonome.

Une dernière partie «Documents» constitue le stockage des fichiers élèves avec des dossiers matières, tutoriaux des logiciels et autres.

En conclusion :
Tous les élèves qui ont testé le cartable électronique disposaient à la maison d'un ordinateur en accès libre. Seuls trois ou quatre élèves ont eu des dysfonctionnements sur leur ordinateur personnel avec la clé, mais après une mise à jour des PC les problèmes se sont résolus.

La difficulté principale réside dans le choix des logiciels dit «portables», nécessaire en début d'année pour satisfaire tout le monde, élèves et enseignants, afin d'éviter des installations d'applications en cours d'année sur chaque clé.

Pour avoir réalisé un sondage auprès des élèves, la synthèse est assez intéressante : en général, ils trouvent la clé USB petite et ont peur de la perdre. Mais ils ne sont pas hostiles à finir un travail informatique à la maison, les élèves voudraient même l'utiliser plus souvent en classe et la personnaliser avec des images pour se l'approprier encore plus...
Affaire à suivre donc..."

Yvan, professeur de technologie en collège

Applications en ligne

Autre alternative aux logiciels classiques, les applications en ligne (on parle également de *cloud computing*). Accessibles à partir d'un ordinateur connecté à Internet, en haut débit ou sur le câble, elles n'ont plus rien à envier aux applications traditionnelles installées en local sur votre disque dur. Leur particularité... elles s'exécutent dans votre navigateur Internet, et elles sont indépendantes de votre environnement de travail (Windows, Mac OS, Linux). Pour le reste, tout est identique au fonctionnement d'une application locale. Faire du traitement de texte, du tableur, convertir des fichiers, gérer son agenda, retoucher des photos... toutes ces tâches peuvent être effectuées sans l'installation d'un logiciel.

> **BON À SAVOIR**
> Le concept de *cloud* occupe aujourd'hui le devant de la scène en raison de la notion de Saas (*Software As A Service*) qui consiste à proposer aux utilisateurs des applications en ligne, consommées et payées à la demande.

La différence avec un logiciel traditionnel est dans son accès simplifié. En effet, vous n'avez besoin que d'un navigateur Internet et d'une connexion haut débit performante. Vous pouvez ainsi y accéder depuis n'importe quel ordinateur (Windows, Mac, Linux...), sans aucune installation ni paramétrage. L'efficacité de ces logiciels dépend directement de la vitesse de connexion que vous possédez, en particulier quand il s'agit de faire transiter des fichiers volumineux par un serveur, du son ou de la vidéo.

Vous pouvez tester votre vitesse de connexion (*http://www.speedtest.net/fr/*).

Exemple : pour une vitesse en amont (*upload*) de 0.27Mb/s

Fichier transféré	Temps de transfert
Fichier attaché de courriel (1MB)	31 s
Galerie photos (8MB)	4 min
Clip vidéo (35MB)	18 min

Elles se prêtent donc très bien à un usage nomade et se posent en sérieux concurrent à la clé USB contenant des applications portables. Grâce à Internet, on accède au programme et à ses documents de travail (la plupart de ces services sont accompagnés d'un espace d'hébergement). Avec cette nouvelle technologie, le navigateur devient le seul programme ouvert pour accomplir une multitude de tâches.

Le choix des logiciels est une étape essentielle dans votre démarche d'intégration des TICE. Qu'il s'agisse d'un logiciel pour votre usage personnel ou d'une application à destination de vos élèves, prenez le temps de vous renseigner. Vous aurez ainsi tous les éléments en main pour choisir les applications correspondant exactement à vos besoins.

Fiche 4

Gérer ses documents de travail
Docs en stock

Avant de vous précipiter dans la préparation de vos cours, prenez la peine et le temps de réfléchir sur votre organisation personnelle et sur la gestion de vos documents. Comment allez-vous gérer puis archiver au quotidien tous vos documents élaborés ? Quelle stratégie pour accéder ensuite à cette masse de ressources consultées pendant l'année ? Les pistes sont nombreuses. À vous de choisir la solution la plus pertinente en fonction de vos besoins.

QUESTION DE FORMAT

Le choix des logiciels que vous allez utiliser pour produire vos documents de cours, vos diaporamas ou vos fichiers multimédias est un élément très important. Cela va par la suite avoir des conséquences sur l'utilisation et la gestion de tous vos documents.

Logiciel et extension

Chaque logiciel dispose de sa propre manière de traiter et d'encoder les informations. Au final, le programme produit un fichier formaté, muni d'une extension spécifique. Il existe deux types de formats : le format ouvert (exemple de la suite OpenOffice : logiciel libre) et le format fermé (par exemple, choix de Microsoft Office : logiciel propriétaire). Avec un document enregistré dans un format ouvert, vous pouvez disposer de logiciels libres pour le lire ou le modifier. En revanche, si votre fichier a été codé dans un format fermé, il n'est souvent lisible qu'avec un logiciel spécifique, généralement celui qui a édité le document initial.

Voici les extensions de quelques fichiers correspondant aux suites Microsoft Office et Open Office.

	Traitement de texte	Tableur	Présentation
OpenOffice	.odt	.ods	.odp
MicrosoftOffice 2000	.doc	.xls	.ppt
MicrosoftOffice 2007	.docx	.xlsx	.pptx

La question de l'interopérabilité entre les deux suites est à prendre en compte si vous échangez des documents avec des collègues. Le format odt est le format de documents par défaut de la suite bureautique Open Office. Or si vous avez une version ancienne de Word, vous ne pouvez pas ouvrir de fichiers dans ce format. Il existe toutefois un utilitaire gratuit (logiciel ODF Add-in pour Word) qui va vous permettre de convertir des documents odt d'Open Office au format doc d'Office. Vous pourrez ainsi les ouvrir et les lire sans problème. À l'inverse, Open Office permet l'import de documents enregistrés dans les formats fermés (extensions en .doc, .xls, .ppt) et dispose d'une option d'enregistrement dans ces mêmes formats. Depuis la version 3, l'import des documents enregistrés au format Microsoft Office 2007 est possible. À noter aussi que si vous souhaitez ouvrir un document au format docx (Word 2007) avec une version ancienne de Word, vous devez au préalable le convertir au format doc à l'aide des nombreux convertisseurs disponibles en ligne.

Lisibilité et exportation

Pour rendre lisibles tous vos documents, il existe une autre possibilité plus intéressante, en particulier si vous souhaitez diffuser des documents non modifiables par vos lecteurs : leur sauvegarde au format pdf. Le pdf (pour *Portable Document Format*) est un format de fichier créé par la société Adobe Systems. Il permet d'encoder des mises en page lisibles par le logiciel Acrobat Reader. Ce logiciel est gratuit et librement téléchargeable sur Internet (*http://get.adobe.com/fr/reader/*). Il n'est pas obligatoire pour accéder en ligne à un lien vers un fichier pdf puisque les navigateurs Internet permettent l'affichage de ce format de fichiers. Il existe d'autres lecteurs pdf plus légers et gratuits (Foxit Reader par exemple).

Ce format présente beaucoup d'avantages : il conserve les polices, les images et la mise en forme de votre document, quelles que soient l'application et la plate-forme utilisées pour le lire. Il s'est rapidement imposé comme un format d'échange performant pour la consultation et l'impression, mais également d'archivage des documents. Les logiciels de bureautique récents vous proposent la possibilité d'un enregistrement au format pdf. Si les vôtres sont anciens, vous pouvez installer le logiciel PDFCreator qui vous permettra d'imprimer vos documents de la même manière qu'avec votre imprimante sauf que vous en sélectionnez une autre : PDFCreator.

> **BON À SAVOIR**
> Les fichiers pdf peuvent être créés avec des options personnalisées, tant aux niveaux de la compression des images et des textes, de la qualité d'impression du fichier, que du verrouillage (interdiction d'impression, de modification, mots de passe). Ils peuvent aussi être interactifs. Il est possible, grâce à des logiciels tels qu'Adobe Acrobat Pro, OpenOffice ou Scribus, d'intégrer des notes, des corrections, voire des menus déroulants ou des formulaires si le cœur vous en dit !

Cette problématique de la lisibilité des fichiers de traitement de texte existe également pour les fichiers multimédias. Il existe aussi des fichiers aux formats ouverts ou fermés. Sachez cependant qu'il existe aujourd'hui de multiples applications en ligne et des logiciels gratuits qui permettent d'effectuer la conversion d'un fichier et d'assurer ainsi sa lisibilité dans un format différent du format initial. Attention toutefois à la qualité de la conversion qui parfois peut vous décevoir.

UNE GESTION EFFICACE

Au fil du déroulement de votre année, vos documents risquent vite de s'empiler si vous n'avez pas, en début d'année, choisi un mode de classement adapté à votre façon de travailler. Il n'y a pas de solution miracle : il vous faut simplement adopter un système qui vous permet d'archiver, de classer puis de retrouver vos documents. Une visite d'inspection, un travail avec un collègue, le besoin de consulter, de modifier une partie de vos fiches devenue obsolète… les occasions sont fréquentes.

Un archivage réfléchi

Rendre vos documents accessibles et aisément consultables doit devenir une nécessité pour vous. Conserver dans un même lieu (dossier), tous vos documents par séquences est obligatoire. Vous pouvez également archiver les ressources (références, favoris ou marque-pages, ▶ fiche n° 8) qui ont été utilisées pour bâtir votre séquence, les éléments qui vous ont aidé mais que vous avez finalement laissé tomber. Ils seront peut-être très utiles une prochaine fois et vous éviteront des recherches inutiles.

Datez, numérotez, inventez un système pertinent (le même toute l'année) qui vous facilitera le classement de tous vos documents papier. Si vous avez choisi les supports numériques (clé USB, disque dur), il est facile pour vous de déplacer, archiver tous les fichiers et de trouver une arborescence adaptée à vos enseignements. Ils peuvent être classés dans des dossiers et sous-dossiers que vous nommez par thématique ou de manière chronologique. Vous pouvez aussi utiliser l'affichage en détail dans votre explorateur qui permet de trier le contenu par nom, type, date, taille.

Pour nommer vos fichiers, choisissez des noms explicites, courts. Utilisez au besoin une combinaison d'éléments afin de bien exprimer le contenu du document. S'agit-il d'une version finale ou provisoire ? Dans le nom du fichier, évitez d'utiliser des espaces et des caractères de ponctuation, excepté le tiret, le souligné et le point avant l'extension.

BON À SAVOIR

Un autre geste simple est l'ajout d'éléments d'information sur les fichiers. Savez-vous que l'explorateur Windows permet d'inclure des propriétés et ensuite de les visualiser ? Pour accéder à cette option, vous devez activer les propriétés du document à l'aide du bouton droit de la souris. Ensuite, vous devez sélectionner l'onglet Résumé et remplir ou modifier l'information qui est déjà inscrite par défaut dans les différents champs. Un des avantages d'inclure des propriétés aux fichiers est qu'il est ensuite possible de les visualiser lorsque le pointeur de la souris se retrouve sur le document en question ; il permet notamment de retrouver facilement des documents à l'aide de mots-clés.

La gestion de vos documents va aussi dépendre du lieu, de l'organisation choisie : travail à la maison, petit espace de travail à la salle des professeurs, accès au réseau informatique de votre établissement. Trouvez donc un mode d'organisation compatible avec vos compétences techniques et vos envies.

Pour trouver un document présent sur votre ordinateur, utilisez l'explorateur. L'explorateur Windows ou l'outil Spotlight de Macintosh permet, à partir de la saisie de mots-clés, de trouver tous les éléments (documents, images, courriels) contenant ces mots-clés.

Sauvegarde ou partage

Un autre intérêt à archiver vos documents correctement, outre celui de pouvoir retrouver vos fiches de l'année en un temps record, est celui de pouvoir les réexploiter pour la préparation de l'année suivante. Si vous avez pris la peine de classer tous vos documents, ils vont rapidement devenir une ressource pour bâtir vos futures séquences.

Une seconde possibilité s'offre à vous pour l'archivage de vos fichiers (quel que soit leur type : texte, photo, vidéo…) : le stockage sur le Web. Vos documents deviennent ainsi accessibles depuis n'importe quel poste. Internet joue alors le rôle d'une clé USB en ligne.

> **BON À SAVOIR**
> La sauvegarde de vos documents sur un disque dur de votre ordinateur personnel peut être doublée d'une seconde sauvegarde sur un périphérique externe (clé USB, CD, disque dur externe, espace Web). Cela évite de tout perdre en cas d'avarie sérieuse sur votre ordinateur personnel. Si vous souhaitez archiver vos documents sur CD.ROM, sachez que la durée de vie de vos données sera limitée. Au-delà de cinq ans pour les CD.ROM gravés, vos données peuvent être en partie effacées ou impossibles à lire. Ces problèmes conduisent à envisager une migration régulière de vos données vers des supports de conservation plus récents et plus sûrs tels que les disques durs externes ou les espaces de stockage en ligne.

Il existe plusieurs méthodes pour stocker vos documents en ligne. La plus simple consiste à utiliser l'espace alloué par les fournisseurs d'accès, souvent gratuit pour ses abonnés. À côté de cela, il existe d'autres types de sauvegardes en ligne, gratuites ou payantes. Les prestations varient d'une offre à l'autre. Avant d'y souscrire, évaluez la pérennité du prestataire, ses garanties et les fonctionnalités proposées (exemple : *http://www.dropbox.com*).

Cela présente un intérêt supplémentaire par rapport à une gestion sur un disque local, celui de partager et diffuser vos documents. Une fois stockés sur Internet, vos documents peuvent être partagés avec vos amis, vos collègues, ou les différents partenaires d'un projet. C'est une bonne façon de promouvoir et faire connaître votre travail.

Après la création d'un compte iGoogle ou d'un compte Gmail, Google permet de créer et partager des textes et autres feuilles de calcul. Vous pouvez mettre en ligne et donc partager tous les types de fichiers qui sont alors disponibles depuis n'importe quel navigateur. Désormais, au lieu d'envoyer des pièces jointes, vos collègues peuvent télécharger le contenu dans un dossier partagé et y accéder depuis n'importe quel ordinateur.

Différentes plates-formes se sont spécialisées dans la diffusion d'un type de documents (vidéo, texte, etc.). Ces outils permettent de mieux faire connaître vos publications et de référencer vos contenus (si vous le souhaitez), mais cela entraîne un éparpillement de vos documents sur plusieurs sites.

- Pour diffuser vos vidéos pédagogiques, Dailymotion (*http://www.dailymotion.com/fr*) et YouTube (*http://www.youtube.com/?gl=FR&hl=fr*) sont les plus fréquemment utilisés. Viméo (*http://vimeo.com/*) est également reconnu pour sa qualité d'image.
- Si vous souhaitez publier une partie de vos écrits, Scribd (*http://www.scribd.com/*) et Calaméo (*http://fr.calameo.com/*) sont des outils de diffusion de ce type de document. Vous pourrez y faire connaître vos publications, puis les intégrer à une page Web avec un lien.
- Des sites permettent également de partager vos photos, de stocker et de diffuser vos productions sonores.

Rappel : toutes productions et diffusions audiovisuelles doivent rester en conformité avec la loi. Respectez les droits liés aux auteurs et entamez les démarches d'autorisation auparavant (▶ fiche 5).

Vous venez de prendre conscience de l'absolue nécessité d'une bonne gestion de vos documents. Sachez exploiter la possibilité offerte par les nouvelles technologies, organiser et diffuser vos fiches en un clic. Maintenant, il faut passer à la pratique ! Faites des essais et choisissez le mode qui vous convient.

Connaître les droits liés aux techniques numériques

Sous le bon angle

Du fait de la banalisation des outils informatiques à votre disposition aujourd'hui, les conditions de production des ressources pédagogiques ont radicalement changé. L'usage régulier d'Internet qui favorise à la fois les productions individuelles et le développement du travail collectif place également les droits au centre des enjeux.

RAPPEL DE LA LOI

Les différents types de documents qui peuvent composer une production numérique : textes, images fixes et animées, mais aussi les sons et les liens hypertextuels sont tous soumis à la législation des droits d'auteur, au respect du droit à l'image et de l'image, au respect de la loi Informatique et Libertés, ainsi que de la loi pour la confiance dans l'économie numérique (LCEN) de 2004. Sans faire de vous un spécialiste en droit, il est impératif de connaître les quelques règles juridiques à respecter.

Droit d'auteur

Dans la législation française, le texte qui réglemente les droits d'auteur et les droits voisins est le Code de la propriété intellectuelle (CPI). Il concerne notamment la propriété littéraire et artistique :
- l'article L. 122-1 rappelle : « C'est un droit qui s'applique à toutes les œuvres de l'esprit quel que soit le genre, la forme d'expression, le mérite ou la destination. » « L'auteur d'une œuvre de l'esprit jouit sur cette œuvre, du seul fait de sa création, d'un droit de propriété incorporelle exclusif et opposable à tous » ;

- l'article L. 335-3 précise que toute reproduction, représentation ou diffusion, par quelque moyen que ce soit, d'une œuvre de l'esprit en violation des droits de l'auteur, constitue une contrefaçon. L'auteur lésé a le choix d'exercer des poursuites civiles ou pénales.

Droit de l'image

Le cadre juridique touchant l'image est complexe car il fait intervenir les droits civil et pénal, et le Code de la propriété intellectuelle. La propriété littéraire et artistique protège dès leur création les images à partir du moment où elles obtiennent la qualification d'œuvres de l'esprit (caractère d'originalité et fixation sur un support papier ou numérique). Toute exploitation d'une image suppose donc l'accord de tous les titulaires de droits de celle-ci ou autour de celle-ci.

Droit à l'image

L'utilisation non autorisée d'images de choses ou de personnes fait courir à l'utilisateur le risque d'être condamné civilement et pénalement. L'usage, sans son autorisation, de l'image d'une personne dans le cadre de sa vie privée peut donc entraîner la mise en cause de la responsabilité de l'utilisateur.

> **BON À SAVOIR**
>
> Dans le cadre de votre enseignement, l'utilisation d'images diffusées sous licence libre est donc préférable et évite bien des soucis. Le terme « libre de droit » ne signifie pas pour autant « gratuit ». Vérifiez le contrat de licence qui accompagne les images : certaines images dites « libres de droits » ne permettent parfois qu'un usage privé. Bonne idée : soumettez une image (à l'aide de son URL ou directement depuis votre disque dur) à ce moteur de recherche original : *http://www.tineye.com/* qui retrouve tous les documents où elle se trouve (ce n'est possible que si l'image a été trouvée dans une version numérique...).

USAGE PÉDAGOGIQUE

L'exception bien connue de l'utilisation pour usage privé (famille, amis) ne s'applique en aucun cas à une utilisation pédagogique. Vous ne pouvez projeter devant une classe que des œuvres libres de droits ou dont les droits d'usage en établissement scolaire ont été acquittés.

Une mesure d'exception

Des accords transitoires ont été conclus pour la période 2009-2011 entre le ministère de l'Éducation nationale, la Conférence des présidents d'Université et, d'une part, la Société des producteurs de cinéma et de télévision (PROCIREP), d'autre part la Société des auteurs, compositeurs et éditeurs de musique (SACEM). Ces accords élargissent le périmètre des usages couverts, pour tenir compte de l'entrée en vigueur de l'exception au droit d'auteur et aux droits voisins, spécifique à l'enseignement et à la recherche (dite « exception pédagogique »).

La représentation dans la classe d'œuvres protégées est couverte de façon générale dès lors qu'elles illustrent le cours (projection d'une image, d'une vidéo ou diffusion d'une chanson à des fins pédagogiques). L'œuvre devra avoir été acquise légalement. Son titre, le nom de l'auteur et, s'il s'agit d'un enregistrement musical, les artistes-interprètes et l'éditeur devront toujours être mentionnés. Elle ne doit donner lieu à aucune exploitation commerciale. Cette représentation collective peut également intervenir pour illustrer le travail qu'un élève présente à la classe ou encore pour la préparation d'un sujet d'examen.

La mise en ligne sur le réseau de l'établissement d'extraits d'œuvres protégées inclus dans des travaux pédagogiques est autorisée. Ce réseau doit être protégé par des procédures d'identification et les extraits ne doivent être accessibles qu'aux personnes concernées par les travaux (élèves, étudiants, enseignants).

> **BON À SAVOIR**
> Les utilisations prévues par l'accord sont soumises à certaines conditions, en voici quelques-unes.
> *Pour la musique, sont autorisées :*
> – la représentation intégrale dans la classe d'enregistrements musicaux, ainsi que la représentation dans la classe d'œuvres musicales intégrales à des fins exclusives d'illustration de l'enseignement ;
> – la copie et/ou la mise en ligne d'extraits de l'œuvre (inclus dans des travaux pédagogiques), limités à trente secondes, et inférieure au dixième de la durée totale de l'œuvre intégrale. En cas d'utilisation de plusieurs extraits d'une même œuvre, la durée totale de ces extraits ne peut excéder 15 % de la durée totale de l'œuvre.
> *Pour l'audiovisuel, sont autorisées :*
> – la représentation dans la classe d'œuvres intégrales diffusées par un service de communication audiovisuelle non payant ;
> – l'utilisation en classe de supports édités du commerce (DVD...) ou d'une œuvre cinématographique ou audiovisuelle diffusés par un service payant dès lors qu'elle se limite à des extraits : longueur limitée à six minutes, et ne pouvant excéder le dixième de la durée totale de l'œuvre intégrale. En cas d'utilisation de plusieurs extraits d'une même œuvre audiovisuelle ou cinématographique, la durée totale de ces extraits ne peut excéder 15 % de la durée totale de l'œuvre ;
> – la mise en ligne d'extraits d'œuvre (inclus dans des travaux pédagogiques).

Pour plus d'informations, vous pouvez vous référer au *Bulletin officiel* n° 5 du 4 février 2010 (*http://www.education.gouv.fr/pid23787/n-5-du-4-fevrier-2010.html*).

Livres et publications

Vous ne pouvez pas non plus exploiter les ouvrages sans autorisation. Il existe un protocole d'accord transitoire sur l'utilisation des livres, de la musique imprimée, des publications périodiques et des œuvres des arts visuels à des fins d'illustration des activités d'enseignement et de recherche (à consulter dans le BO n° 34 du 17 septembre 2009).

Un contrat individuel, signé entre le Centre français d'exploitation du droit de copie (CFC) et votre chef d'établissement, rend licites les photocopies de publications réalisées pour vos besoins : il vous permet donc d'effectuer en toute légalité des reproductions de pages de livres, d'articles de journaux ou de revues et d'extraits de partitions de musique, dans des limites définies. En contrepartie, l'établissement acquitte une redevance annuelle qui est prise en charge par le budget du ministère (*http://www.cfcopies.com/V2/*).

Site Web

L'utilisation d'Internet en classe soulève de nombreux enjeux :
- l'intégration du contenu d'un site Web dans des notes de cours ou dans un autre document ;
- les questions relatives à la diffusion en direct ou en différé du contenu d'un site Web en classe ;
- la création d'un site Web avec du contenu provenant de diverses sources ;
- l'obligation de bien identifier la source lorsque la diffusion ou la reproduction sont autorisées.

Pour pouvoir intégrer dans un site Web des œuvres numériques, de quelque nature qu'elles soient, vous devez impérativement obtenir une autorisation écrite des titulaires de droits sur ces œuvres, mentionnant expressément les utilisations autorisées, dans leurs étendues, leurs destinations, leurs localisations et leurs durées.

> **BON À SAVOIR**
>
> Le projet « Creative Commons » a pour but d'adapter le droit d'auteur à Internet et de fournir un cadre juridique au partage des œuvres de l'esprit. Ces licences permettent à l'auteur d'autoriser par avance certains usages et d'en informer le public. Il crée donc sa propre licence d'autorisation. Voir : *http://fr.creativecommons.org/*.

Demande d'autorisation

Pour vous aider, le guide juridique du chef d'établissement a été révisé à la fin de l'année 2009. Il contient en particulier une fiche spécifique sur « La propriété littéraire et artistique dans l'enseignement scolaire ». La consulter peut être une bonne initiative car il convient de bien repérer les droits en présence et de se prémunir en obtenant les autorisations, souvent accordées sans difficulté si elles sont demandées avant (*http://www.education.gouv.fr/cid3946/guide-juridique-du-chef-d-etablissement.html*).

L'utilisation de l'image dans le cadre scolaire implique que les autorisations des auteurs soient obtenues avant toute action (projection, duplication, impression). De même, dans le cadre des travaux des élèves, vous devez vous préoccuper des documents que les élèves souhaitent utiliser. La bienveillance de certains auteurs à l'égard du système éducatif tend en effet à disparaître lorsqu'il s'agit de mettre en ligne des documents comportant des images, du son, des textes.

> **EN PRATIQUE**
>
> **EXEMPLE DE DEMANDE D'AUTORISATION[1]**
>
> JE SOUSSIGNÉ(E) :
>
> Nom :
>
> Prénom :
>
> Adresse :
>
> Code postal : Ville :
>
> AGISSANT EN QUALITÉ DE REPRÉSENTANT LÉGAL DU OU DES ENFANTS :
>
> Nom et prénom :
>
> Nom et prénom :
>
> AUTORISE (cochez les cases utiles) :
>
> ☐ La prise d'une ou de plusieurs photographie(s) (captation, fixation, enregistrement, numérisation) le (les) représentant.
>
> ☐ La diffusion et la publication d'une ou de plusieurs photographie(s) le (les) représentant dans le(s) cadre(s) strictement énoncé(s) ci-après :
>
> Toute personne ayant un droit exclusif sur son image et l'utilisation qui en est faite, à défaut d'accord de votre part dans le cadre de la présente autorisation, son (leur) image ne pourra faire l'objet d'une quelconque fixation, utilisation, diffusion ou commercialisation.
>
> Fait à :
>
> Le :
>
> Signature :

---

[1]. Les textes juridiques demandent des explications et des illustrations précises pour les élèves.

> **BON À SAVOIR**
> Vous trouverez également en ligne (*http://www.educnet.education.fr/legamedia/legapratique/contrats-et-modeles*) des exemples de rédaction de contrats, de demandes d'autorisation sur de multiples sujets liés au droit : informations à indiquer lors de la mise en place d'un forum de discussion, demande d'autorisation pour la captation et la diffusion d'images, demande d'autorisation pour l'exploitation de travaux d'élèves, mais aussi des informations sur les mentions légales à faire figurer sur votre site Web. Il s'agit de les adapter à votre propre situation.

Vous êtes désormais informé des textes officiels qui peuvent s'appliquer dans le cadre de votre enseignement. Intégrez ces règles dans vos pratiques et devenez un modèle d'exemplarité auprès de vos élèves.

Fiche 6

Savoir utiliser les ressources informatiques

Connexion illimitée

Beaucoup d'enseignants montrent encore de réelles réticences quant à l'usage du matériel informatique. Cela va de « Je n'y connais rien, c'est trop compliqué pour moi » à « La salle informatique, c'est pour les spécialistes ». Chassons toutes ces idées reçues. Avec un petit brin de volonté et un minimum de connaissances, vous pouvez mettre à profit rapidement les quelques ressources disponibles dans votre établissement.

LE MATÉRIEL MULTIMÉDIA

Devoir d'inventaire

Pour cela, commencez par établir (si ce n'est déjà fait) une liste précise de tous les équipements recensés dans votre établissement. Cela paraît être essentiel pour connaître toutes les ressources disponibles :

- les locaux dédiés aux TICE ou équipés en matériel numérique : salles informatiques, salles équipées d'un vidéoprojecteur ou d'un TBI, les postes du centre de documentation et d'information, etc. ;
- les appareils numériques accessibles à l'équipe pédagogique ; ordinateurs portables, appareils photo numériques, caméscopes numériques, vidéoprojecteurs, etc.

Un collègue (chef de travaux ou autre) est probablement affecté à la gestion ou à la maintenance de tous ces équipements Prenez donc un moment, en tout début d'année, pour vous renseigner sur les modalités précises de réservation : faut-il s'adresser à cette personne responsable qui gère l'ensemble des ressources informatiques ou alors simplement réserver la ressource en s'inscrivant sur un planning affiché en salle des profs?

S'il n'existe pas de procédure de gestion des ressources, n'hésitez pas à aborder le sujet en réunion. Une bonne utilisation des TICE passe aussi par une gestion rigoureuse des moyens au sein de votre établissement.

> **BON À SAVOIR**
>
> Il existe des applications en ligne (exemple d'une application libre : *http://grr.mutualibre.org/*) qui permettent de gérer très simplement les ressources d'un établissement. L'ensemble du personnel, avec un identifiant et un mot de passe, peut consulter l'état des réservations des semaines qui suivent et mettre une option sur une salle ou un appareil pour une plage horaire précise. Ce dispositif, mis en ligne sur le site ou l'ENT (environnement numérique de travail) de l'établissement en quelques clics, évite ainsi la désagréable surprise d'une salle informatique occupée sur votre séance de cours.

Maîtrise des outils

Il ne suffit pas de disposer du matériel. Lorsque vous aurez planifié l'usage d'un appareil numérique, ou programmé une séance de cours en salle informatique, posez-vous la question de votre maîtrise personnelle de l'outil. Étape déterminante : vérifiez que vous avez tous les éléments (matériels ou techniques) pour réaliser votre activité sans soucis.

Avant de commencer, vérifiez auparavant que le matériel est opérationnel :

- consultez la documentation technique en cas de doute ;
- contrôlez la présence des câbles de connexion, la validité du mot de passe, etc. ;
- si vous n'êtes pas complètement familiarisé avec l'outil, faites un essai : cela vous rassure et permet de vous concentrer ensuite sur le contenu de votre séance.

EN PRATIQUE

Depuis quelques années l'utilisation du vidéoprojecteur s'est largement répandue. Rien de tel qu'un document projeté sur grand écran pour captiver et convaincre votre auditoire…
1. Vérifiez les éléments de connectique entre les ports de votre ordinateur (S-vidéo ou VGA) et ceux du vidéoprojecteur (S-vidéo, péritel ou HDMI).
2. Reliez le portable et le vidéoprojecteur. Allumez ensuite le vidéoprojecteur et l'ordinateur.
3. Suivez alors les consignes. Si l'image de l'écran de l'ordinateur n'est pas automatiquement diffusée par le projecteur, vous avez deux possibilités. Vous appuyez simultanément sur Fn (fonction) et sur l'une des touches F1 à F12 (celle qui comporte un pictogramme représentant deux écrans) ou vous faites un clic droit à la souris puis, dans Options graphiques, vous obtiendrez un menu qui vous permettra de sélectionner le comportement désiré : image visible uniquement sur l'écran du projecteur ou sur l'écran de l'ordinateur, ou encore affichage simultané.
4. Terminez par le réglage de la mise au point afin d'obtenir une image la plus nette possible. Vous êtes prêt.

BON À SAVOIR

Pour éviter les soucis potentiels des câbles de connexion, une autre possibilité existe : réaliser la connexion avec le vidéoprojecteur en connexion WiFi. Grâce à ce dispositif (une passerelle WiFi), plus besoin d'une liaison filaire. Votre ordinateur reste mobile tout en étant connecté au vidéoprojecteur.
Du point de vue pédagogique, cela vous laisse davantage de liberté et d'initiatives : vos élèves peuvent aussi agir, via le portable, sans se déplacer ! Il existe même des serveurs de projection WiFi autorisant l'accès à différents utilisateurs de portables. En revanche, cette technologie pose parfois des problèmes de débit et devient alors incompatible avec l'usage d'un TNI.

Pour le caméscope numérique, les recommandations et les précautions sont les mêmes. Si vous envisagez d'exploiter régulièrement des séquences vidéo pour vos cours, préférez un ordinateur équipé d'un port FireWire (si votre caméscope dispose de cette connectique). Ce port (connu sous le nom IEEE 1394) vous permet de connecter un caméscope numérique à l'ordinateur, et assure un transfert rapide des données vidéo (pour des fichiers vidéo peu volumineux, la connexion USB peut s'avérer cependant suffisante).

Connectez les deux appareils, puis allumez le caméscope. Il est automatiquement détecté par le système d'exploitation de votre ordinateur et votre logiciel de montage vidéo peut ensuite assurer le transfert des fichiers sur le disque dur. Une séance d'analyse de trajectoire en EPS ou la réalisation d'un journal TV sont des situations qui vont exiger un montage précis des séquences filmées.

Dernières mises en garde :

- entraînez-vous à l'avance pour être au point et efficace le jour J. Si votre séance de cours se passe dans une nouvelle salle et que l'on vous met à disposition un vidéoprojecteur, renseignez-vous sur le type de connectique acceptée et la présence du câble de connexion ;
- si vous utilisez un vidéoprojecteur portable, faites bien attention à le placer à une bonne distance de l'écran pour que votre présentation soit visible de n'importe quel endroit de la salle.

EXPLOITER LA SALLE INFORMATIQUE

Beaucoup d'enseignants ont encore tendance à penser que les salles informatiques sont réservées à quelques spécialistes ou aux disciplines scientifiques et technologiques. Il n'en est rien. Si la gestion d'un tel équipement informatique vous déstabilise au premier abord, sollicitez un collègue plus connaisseur qui utilise fréquemment la salle multimédia.

Si vous avez un projet précis et que vous souhaitez utiliser cette salle pour une séance particulière, le responsable informatique de votre établissement vous indiquera les modalités (que souvent vos élèves maîtrisent bien) et précisera tous les détails techniques (authentification, sécurité, etc.). Il est la personne-ressource qui pourra vous assister dans l'élaboration de votre projet.

Installer un logiciel spécifique sur le réseau local, créer un espace de travail pour stocker les documents de travail d'un groupe d'élèves, connaître la procédure pour contrôler le travail des élèves à distance sont des exemples de requêtes qu'il peut aisément traiter. Associez-le donc à votre projet dès le départ, il vous guidera vers une solution optimale.

Programmez un petit test en solo pour vérifier que tout va bien et lancez-vous. Veillez également au respect des consignes particulières et notamment au respect des items de la charte informatique.

> **BON À SAVOIR**
> Assurez-vous que vous avez un plan B. Vous n'êtes jamais à l'abri d'une défaillance technique (problème de connexion ou souci logiciel) indépendante de votre volonté. Vous devez donc être capable de trouver une parade le cas échéant.

“ *Responsable informatique dans une université, je partage mon temps entre deux activités : la gestion et la maintenance du parc informatique et la formation des étudiants. Personne-ressource de l'établissement, étudiants et enseignants me sollicitent fréquemment pour des conseils pratiques.*
Lors de la présentation des rencontres en Licence 1, je surprends sans doute les étudiants en expliquant que le but du cours est justement de "l'oublier" ! Oublier l'informatique, c'est être capable en huit mois de se débarrasser de la technique et réduire le temps d'élaboration formelle des documents. Pour se débarrasser de la technique, il faut la maîtriser parfaitement : cela implique une connaissance des principaux composants d'un ordinateur et de leurs rôles. Je propose une présentation ludique en ayant toujours en tête l'objectif final : l'autonomie de l'étudiant à la fois dans l'utilisation des principaux logiciels dont il aura besoin durant sa formation et dans sa capacité à délimiter une sphère d'intervention plus technique en cas de dysfonctionnement matériel (évoquons ici les problèmes d'impression, de compatibilité de versions de documents notamment) : le sempiternel "Ça ne marche pas" est lancé sans que l'étudiant ait fait les "contrôles techniques" basiques (câblage, utilisation de la barre des tâches pour l'imprimante, vérification des extensions...).
Je réponds le plus possible à des situations concrètes : récemment l'objectif était "d'être capable de bonifier une présentation orale (en cours, en examen) avec un diaporama PowerPoint intégrant de la vidéo et du son". Mon travail de "prof-technicien" était donc de répondre à la question : "Comment récupérer une vidéo Youtube ou Dailymotion en local ?" Je propose donc l'usage de Firefox et introduis de ce fait plusieurs éléments clés : le navigateur (c'est l'occasion de parler de Chrome, de Safari, d'Opéra), les extensions et les formats de fichier multimédia, sans oublier la notion de droit. J'insiste également sur la finalité du diaporama qui ne doit jamais se substituer au discours, avant de présenter les étapes de création et notamment la procédure

de récupération sous Firefox. Les étudiants ont alors à leur disposition un tutoriel que je leur ai préparé, rappelant la démarche à suivre."

Yann, responsable informatique à l'université

BON À SAVOIR
Des associations d'enseignants spécialisés dans les TICE (*http://projetice.fr/*) peuvent également vous rendre des services, vous donner des conseils à la fois sur les aspects techniques et pédagogiques pour mener à bien un projet. Moyennant votre adhésion à l'association et une description précise de votre projet, elles mettent à votre disposition des moyens (portables et borne WiFi par exemple) et ainsi équipent temporairement votre établissement d'une classe nomade pendant la durée de votre projet.

L'intégration des TICE dans vos pratiques pédagogiques ne sera effective qu'avec une réelle connaissance et maîtrise du matériel informatique mis à votre disposition dans votre établissement. Renseignez-vous, demandez conseil auprès de vos collègues spécialistes et passez à la pratique : vous et vos élèves y retrouverez largement votre compte !

Fiche 7

Utiliser les TICE en toute sécurité
Écran protecteur ?

La généralisation de l'usage des TICE a suscité ces dernières années des pratiques nouvelles et un engouement parfois difficile à maîtriser. Cette effervescence a fait naître parallèlement des inquiétudes et des réticences légitimes. L'accès à des sites Internet, la lecture de messages avec pièces jointes, des exemples d'activités qui comportent parfois une prise de risque. Comment se protéger au mieux ? Quelles sont les précautions d'usage qui peuvent vous mettre à l'abri d'incidents ?

PROTÉGER VOTRE ORDINATEUR

Quelques mesures techniques simples vous permettront d'assurer la sécurité de votre ordinateur lorsque vous (et vos élèves) naviguez sur Internet :

- utilisation d'un antivirus pour vérifier qu'un virus ne se cache pas dans les fichiers échangés ;
- utilisation d'un pare-feu pour que les intrus qui cherchent à s'introduire sur votre ordinateur soient bloqués ;
- utilisation d'un anti-spyware qui empêche l'installation de programmes malveillants.

Pare-feu

Le pare-feu (*firewall*) est la première protection indispensable de tout ordinateur relié à l'Internet. Son rôle est de bloquer les tentatives d'intrusion dans l'ordinateur par un pirate ou un virus. Il doit bloquer aussi toute tentative de connexion non autorisée à Internet par un programme résident sur l'ordinateur.

Windows est équipé d'un pare-feu intégré qui est en service par défaut, plus ou moins performant selon les versions. Son efficacité peut être optimisée par le réglage de quelques paramètres (par exemple autoriser ou non certaines exceptions). Vous pouvez également arrêter celui de Windows et installer à la place un pare-feu plus performant qui offre des possibilités de paramétrage plus importantes. Il existe, par exemple, ZoneAlarm et surtout Comodo, téléchargeables librement et gratuitement en ligne.

Un modem-routeur (interface chargée du transfert des informations sur le réseau), de même qu'une Box (appareil spécifique au FAI permettant de profiter de ses offres) utilisée en mode routeur, possède également son propre pare-feu. Mais il ne se substitue pas au pare-feu présent sur votre ordinateur. Les pare-feux logiciels constituent un complément indispensable car ils filtrent les entrées et les sorties en reconnaissant les programmes que vous avez autorisés à communiquer avec l'extérieur. Comme les deux types de pare-feux agissent à des niveaux très différents, leur coopération constitue un rempart très efficace.

Antivirus

Il s'agit également d'une protection indispensable pour assurer la sécurité de votre ordinateur. Un antivirus comporte un programme résident en mémoire qui surveille en temps réel tous les événements impliquant la présence ou l'activité d'un logiciel malveillant (malware), et un programme pour scanner l'ordinateur. Malgré la présence du programme, planifiez un examen régulier de votre disque dur avec l'antivirus. Parmi les logiciels gratuits et téléchargeables librement, Antivir ou Avast semblent plutôt performants. Il existe également des déclinaisons payantes et des logiciels payants.

Le personnel de l'Éducation nationale a également la possibilité d'obtenir une clé d'activation gratuitement (*http://academie.kaspersky.telechargement.fr/*) pour l'usage personnel du logiciel Kaspersky.

> **BON À SAVOIR**
> Internet Explorer et Outlook Express sont les programmes les plus visés par les logiciels malveillants. Vous améliorerez votre sécurité en utilisant Firefox ou Opera comme navigateur, et Thunderbird comme programme de courrier.

Certains tests récents révèlent également que la plupart des logiciels antivirus présents sur le marché sont parfois vulnérables. Prenez conscience que vous n'êtes pas complètement protégé mais qu'une démarche prudente réduira significativement les risques.

Principe de précaution

Le conseil de base est donc le suivant : « Vous éviterez beaucoup d'ennuis en adoptant un comportement raisonnable. »

- Faites des mises à jour régulières. Les mises à jour du système d'exploitation sont destinées à corriger des bugs et des failles de sécurité. Réglez la fonction de mise à jour automatique de façon à ce qu'elle soit active. Il faut aussi veiller à effectuer les mises à jour de votre antivirus, votre pare-feu ainsi que votre navigateur.
- Évitez d'installer deux antivirus simultanément : ceci engendre souvent des conflits, plutôt que d'améliorer votre degré de protection.
- N'installez que les logiciels indispensables à vos activités : Internet offre beaucoup de logiciels pratiques ou amusants, à télécharger gratuitement : mini-jeux, utilitaires, etc. Il s'agit parfois de véritables virus ou logiciels espions.
- Téléchargez à partir de sites connus : méfiez-vous des sites inconnus qui proposent de télécharger des logiciels. Une fois que vous avez repéré un site de confiance, évitez d'en changer trop souvent.
- La plupart des vers ou virus arrivent par e-mail : n'ouvrez jamais les pièces jointes et ne cliquez jamais sur un lien d'un message dont vous ne connaissez pas l'expéditeur. Même si vous connaissez l'expéditeur, assurez-vous que l'envoi de cette pièce jointe est plausible.
- N'oubliez pas que tout nouveau fichier arrivant sur votre ordinateur doit être scanné par votre antivirus, même si c'est un document texte ou une image. Certains logiciels malveillants peuvent contaminer l'ordinateur simplement par l'ouverture d'une image piégée. Pour cela, vous pouvez vérifier que votre antivirus est configuré de façon à scanner chaque document entrant sur votre machine.

Il existe des sites spécialisés (*http://www.secuser.com*) entièrement consacrés aux virus et autres menaces pour la sécurité. Consultez-les pour vous tenir informé ou en cas de doute.

PROTÉGER LES UTILISATEURS

Lors d'une séquence pédagogique, vous pouvez envisager de développer l'exploration des ressources d'Internet par vos élèves de façon autonome. Mais il paraît difficile d'accompagner chacun de vos élèves, il faut donc que cette pratique soit encadrée afin de permettre une utilisation la plus enrichissante possible. Ce cadrage de l'activité repose sur deux aspects : une formation et une sensibilisation à la spécificité d'Internet pour tous les acteurs de l'établissement ou de l'école, et un contrôle des informations consultées.

Une circulaire (*http://www.educnet.education.fr/services/accompagnement/securite*), parue au *Bulletin officiel de l'Éducation nationale* du 18 février 2004, présente un plan global pour la sécurité des mineurs sur Internet dans le cadre pédagogique. C'est à votre chef d'établissement qu'il appartient de prendre les mesures nécessaires. Mais, quelle que soit la solution retenue, elle doit avant tout s'inscrire dans le projet pédagogique global de votre établissement.

La solution du filtrage

Un certain nombre de sites peuvent présenter un contenu préjudiciable voire illégal, pour les élèves mineurs ou l'ensemble de la communauté éducative. La navigation libre sur Internet est un processus de passage d'un site à un autre, parfois sans liens entre eux. Afin d'éviter l'accès à des sites inappropriés (par exemple pornographiques, pédophiles, xénophobes, racistes, antisémites, violents, etc.), cette navigation doit être contrôlée.

Il peut sembler naturel qu'un établissement puisse disposer d'éléments de filtrage lui permettant aussi de sélectionner sur Internet les sites qui peuvent réellement présenter un intérêt pédagogique :

- il existe un certain nombre d'outils logiciels permettant de restreindre les accès à Internet en fonction du profil de l'utilisateur connecté. Ce principe permet de présenter les seuls documents intéressant un élève en fonction de ses centres d'intérêt ou de ses besoins. Quand on met en place un logiciel de filtrage des accès à Internet, on modifie donc la visibilité du Web[1] ;

---

1. Pour plus d'informations, consultez *http://www.educnet.education.fr/chrgt/GuidePratiqueFiltrage.pdf*.

- la seconde possibilité est d'installer, en amont du réseau sur serveur proxy, un ordinateur ou un module servant d'intermédiaire entre un navigateur Web et Internet. Le proxy participe à la sécurité du réseau en filtrant certains contenus Web.

Comme pour les logiciels, ces fonctionnalités reposent sur la comparaison entre une requête formulée par un utilisateur et une liste préétablie. Cette liste peut comporter des adresses complètes ou des expressions génériques permettant d'exclure des protocoles, des sites, des types de contenus ou des URL comportant des suites de caractères définies.

Elle peut être construite par l'administrateur de l'établissement à partir de l'examen des accès effectivement réalisés par les élèves. Elle peut également être bâtie à partir de listes disponibles sur le Web ou téléchargées à partir d'un site du rectorat. Dans ce cas, une procédure de mise à jour de la liste par les administrateurs des établissements peut être mise en place.

Choix pédagogiques

On voit que ces outils fonctionnent selon des modalités et des logiques différentes, mais on constate aussi qu'on ne peut définir que deux catégories de filtrage : «Tout est permis sauf… » et «Tout est interdit sauf… ». Quelle que soit la solution que retiendra l'équipe pédagogique, celle-ci doit prendre conscience des avantages et des inconvénients du dispositif choisi et des conséquences qu'il aura sur la conduite des différentes activités :

- si l'on n'autorise que des sites connus et validés, on est certain de limiter le parcours de l'élève à des informations sérieuses. On se retrouve dans le cadre rassurant du fonds documentaire choisi et dûment référencé. Mais il faut savoir que l'on se prive de ce qui fait la spécificité d'Internet, c'est-à-dire le plaisir de la découverte et la possibilité de l'imprévu, qui apporte précisément le complément désiré au cadre habituel de la recherche ;
- si l'on s'efforce plutôt de mettre hors de vue de l'élève les sites qui n'ont rien à faire dans le cadre de la scolarité, par exemple les pages à caractère pornographique ou raciste, on laisse évidemment un champ beaucoup plus large à la recherche et au plaisir de la navigation tout en éliminant les sites interdits.

Il est bien évident que les systèmes de protection et de filtrage ne se substituent pas à votre présence et à votre vigilance. De par vos consignes et l'existence d'une charte informatique clairement établie en début d'année, vos élèves comprendront aisément que l'usage d'Internet s'effectue dans le cadre de règles bien précises.

SENSIBILISATION

Le filtrage des accès est nécessaire mais parfois difficile à mettre en œuvre. Les solutions matérielles ou logicielles qui consistent à interdire certains serveurs ou à n'autoriser que des accès prédéfinis ne sont pas toujours totalement satisfaisantes.

Dialogue

Il faut donc parallèlement ne pas négliger la voie de la responsabilité, qui présente en outre l'avantage de s'inscrire dans le cadre plus général de l'éducation à la citoyenneté. Il est possible de faire confiance aux élèves tout en les mettant en garde contre les abus et les dérives possibles.

Pour aller dans ce sens, vous pouvez mettre en place des chartes d'utilisation dont la fonction est de bien cadrer l'utilisation d'Internet dans l'environnement scolaire, de mettre en garde les élèves contre les dérives et les dangers potentiels de cet outil, et de définir leurs droits et leurs devoirs. Ces chartes contribuent à la formation civique et sociale des élèves avec lesquels elles sont élaborées. Elles sont toujours intégrées aux règlements intérieurs.

> **BON À SAVOIR**
> Une journée ou une semaine thématique peut être inscrite dans le projet d'établissement pour une mobilisation de l'ensemble de la communauté éducative autour des pratiques de publication en ligne. L'heure de vie de classe, l'ECJS, peuvent permettre au professeur-documentaliste de travailler en partenariat avec le CPE, professeur principal ou professeur d'histoire.

Il existe de nombreux sites (en particulier *http://www.mineurs.fr/*) qui sensibilisent les jeunes à l'usage d'Internet : le programme national de sensibilisation des jeunes aux bons usages d'Internet, «Internet sans crainte» (sous l'égide de la délégation aux usages d'Internet rattachée au ministère de l'Enseignement supérieur et de la Recherche, et au secrétariat à l'Économie numérique), propose des outils adaptés aux jeunes. Le site WebAverti (*http://www.Webaverti.ca/*) est très complet et permet d'informer les adultes sur les dangers et les solutions appropriées autour d'Internet et des jeunes.

À une époque où la présence sur la Toile devient chose courante avec le Web 2.0 et les réseaux sociaux en ligne, il semble nécessaire de discuter et de mener une réflexion avec vos élèves sur leurs pratiques de publication en ligne, pour contribuer à une meilleure connaissance et maîtrise des enjeux de celles-ci. Ceci peut être l'occasion d'utiliser avec eux le jeu en ligne « Exmachina » (▶ fiche n° 20).

Identité numérique

Dans le cadre du B2i, il est essentiel que chaque élève soit sensibilisé sur les dangers de certaines pratiques liées au Web. L'un des aspects importants est la responsabilité de vos élèves liée à « leur identité numérique ». L'identité numérique correspond à l'ensemble des informations associées à une personne disponibles sur Internet.

Des conseils utiles comme choisir son pseudo, gérer son profil, publier des photos et des vidéos, sont disponibles sur le site « Internet sans crainte ». Pour leur éviter de se laisser dépasser par leur identité numérique, au travers de situations pédagogiques, donnez-leur des conseils concrets :
- la possibilité de s'informer sur le droit et Internet, en consultant des sites comme celui de la CNIL (Commission nationale de l'informatique et des libertés) ;
- apprendre à différencier les informations qu'ils diffusent. Si pour certaines il sera pertinent de les associer à leur nom, pour d'autres l'usage d'un pseudo sera recommandé ;
- prendre connaissance des critères de confidentialité d'un site et apprendre à les paramétrer sur un réseau social en ligne lorsqu'ils publient des données personnelles ;
- les informer, par un rappel à la loi, des pratiques autorisées et des comportements répréhensibles.

Cette sensibilisation en classe leur permettra certainement d'être également plus vigilants lorsqu'ils utiliseront le Web chez eux.

BON À SAVOIR

Concernant le choix de son mot de passe (par exemple pour une inscription sur un site), plus il contient de caractères, plus il est difficile à décoder. Les caractères doivent également être différents : chiffres, lettres, minuscules, capitales, symboles. Et le mot de passe en lui-même ne doit pas être trop simple. Surtout ne pas écrire le code secret quelque part, mais plutôt ruser, avec une phrase personnelle (que l'on retiendra du coup facilement) émaillée de symboles. Pour éviter que, une fois le mot de passe découvert, tous vos comptes soient accessibles, changez de mot de passe pour chaque site. Enfin, en cas de doute sur la fiabilité de vos mots de passe, n'hésitez pas à les soumettre à des outils disponibles gratuitement sur Internet (*http://www.passwordmeter.com/*).

Une bonne pratique des TICE ne peut se faire qu'en totale sécurité. Renseignez-vous bien sur les dispositifs de protection mis en place dans votre établissement. Lors de vos séances, saisissez également les occasions pour sensibiliser vos élèves aux bonnes pratiques afin qu'ils soient demain des citoyens au comportement responsable.

Fiche 8

Trouver des informations sur le Net
D'où vient la source ?

La quantité d'informations circulant sur le Net est faramineuse, les outils sont multiples et variés ce qui peut parfois laisser perplexe l'internaute désireux de dénicher une information particulière. Voici donc un petit topo récapitulant les outils actuels et quelques éléments pour rendre vos recherches plus efficaces.

DISTINGUER LES OUTILS DE RECHERCHE

Pour toute recherche sur le Web, vous commencez par lancer votre navigateur de référence. Les plus en vogue en ce moment sont : Opéra, Firefox (Mozilla), Safari (Apple), Chrome (Google) et Internet Explorer (Microsoft). À vous de choisir celui qui vous correspond le mieux, selon ces critères :

- rapidité : rapidité avec laquelle le programme s'exécute et affiche les pages Web ;
- sécurité : le navigateur a-t-il une protection intégrée ?
- ergonomie : le programme est-il facile à prendre en main ?
- fonctionnalités : peut-on personnaliser le navigateur (thèmes, extensions…) ?
- compatibilité : le programme permet-il d'afficher toutes sortes de pages (flash…) ?

Plusieurs études comparatives en ligne montrent qu'Internet Explorer reste le navigateur le plus utilisé bien qu'il soit moins performant que ses concurrents, notamment en matière de rapidité. N'hésitez pas à en tester plusieurs afin d'orienter au mieux votre choix. Souvenez-vous que cela évolue très vite – chaque navigateur voit défiler différentes versions – alors veillez à mettre le vôtre à jour régulièrement.

Ensuite, c'est l'outil de recherche qu'il faut démarrer ! Tout comme pour le navigateur, il existe plusieurs dispositifs plus ou moins performants selon la recherche que vous allez effectuer. Voici un petit tableau récapitulatif des différentes possibilités.

Outils	Principe	Commentaire	Exemples
Moteur de recherche	Base de données (constituée par des robots automatisés) qui indexe le contenu intégral de chaque page des sites.	Assure une recherche complète et rapide sans classement des résultats.	Google, Altavista, Lycos, Bing, Yahoo, Voila
Annuaire	Base de données (gérée par des documentalistes) qui n'indexe que le contenu général du site.	La liste des résultats est moins exhaustive qu'avec un moteur et la mise à jour des informations est moins rapide mais le classement est beaucoup plus raisonné. Intéressant pour trouver des sites de référence sur un domaine.	Open Directory, Google Annuaire
Métamoteur	Utilise simultanément plusieurs moteurs et annuaires.	L'utilisateur gagne du temps mais l'absence de syntaxe commune provoque des imprécisions dans les réponses. Utile pour débroussailler un sujet rapidement.	Dogpile, Ixquick, Polymeta
Portail	Site Web qui donne accès à différentes informations et services sur un domaine précis.	Assure une recherche ciblée et offre divers services (partage, recherche, discussion…) à partir d'une même adresse.	Portail de l'éducation, portail de la culture
Agent ou métamoteur hors ligne	Logiciel installé sur le disque dur qui fonctionne comme un métamoteur sauf que la connexion Internet s'établit au lancement de la requête.	Utile dans le cadre d'une veille (voir fiche 9).	Copernic

> **EN PRATIQUE**
>
> Ce qu'il faut retenir, c'est le mode de fonctionnement et d'interrogation qui permet de distinguer tous ces outils qui se ressemblent. Ils sont en développement permanent, ils se multiplient de plus en plus ; en bref, cela varie très vite sur le Web. D'ailleurs, Kartoo (métamoteur qui organisait ses résultats sous forme cartographique) présent sur le Web depuis 2001 a fermé récemment.

EFFECTUER UNE RECHERCHE MÉTHODIQUEMENT

Si vous souhaitez que vos élèves effectuent des recherches réfléchies, il paraît essentiel de les former avant. Pour être efficace et éviter des répétitions inutiles pour vous et vos élèves, vous pouvez vous mettre d'accord avec vos collègues pour qu'un enseignant effectue ce travail de préparation en amont. Pourquoi ne pas solliciter le documentaliste de votre établissement?

Choisir les bons mots-clés

La première des choses à réaliser est bien entendu de se poser des questions afin d'analyser les besoins: qu'est-ce que je cherche exactement et pour quoi faire? Il s'agit ainsi de définir une liste de mots-clés. Cette étape ne doit pas être négligée puisqu'elle détermine la qualité du résultat.

Quelques conseils:
- les mots choisis doivent caractériser le sujet recherché (des mots suffisamment précis pour une recherche *via* un moteur ou métamoteur, des mots au sens plus large pour une recherche *via* un annuaire);
- il est préférable de choisir des noms généraux;
- les mots doivent être orthographiés correctement;
- ils ne doivent pas être trop nombreux (en général, plus il y a de mots, plus les résultats sont restreints);
- ils peuvent être écrits par ordre de priorité (certains moteurs en tiennent compte);
- l'utilisation d'un opérateur (et, ou, sauf) permet d'ajuster la recherche.

EN PRATIQUE

UTILISATION D'OPÉRATEURS

Plusieurs mots séparés par un espace, le mot *or*, le mot *ou* seront interprétés comme un OU ; par exemple, en tapant : *tice enseignement*, seront recherchées les pages parlant des tice, de l'enseignement ou des deux. Plusieurs mots séparés par le symbole +, le mot *and*, le mot *et* seront interprétés comme un ET ; par exemple, en tapant : *+tice +enseignement*, seront recherchées les pages parlant simultanément des tice et de l'enseignement.

> Plusieurs mots séparés par le symbole -, le mot *not*, le mot *sauf* seront interprétés comme un SAUF ; par exemple, en tapant : *tice – enseignement*, seront recherchées les pages parlant des TICE mais pas de l'enseignement.
> Plusieurs mots indiqués entre guillemets permettront une recherche contenant exactement l'expression demandée ; par exemple, en tapant : « les tice dans l'enseignement », seront recherchées les pages contenant exactement cette expression.

Utiliser les options

Pour augmenter la précision des résultats, il peut être intéressant de savoir utiliser le « mode avancé » proposé par la plupart des outils de recherche. Les résultats peuvent alors être filtrés selon :

- le pays ;
- la langue ;
- le type du fichier (vous pouvez spécifier l'extension souhaitée du document – par exemple : .pdf, .doc, .ppt, .swf, .html…) ;
- la date de mise à jour ;
- l'extension du nom de domaine ;
- le mode avancé facilite aussi l'entrée de mots-clés avec les opérateurs (et, ou, sauf, phrase).

Pour plus d'informations, n'hésitez pas à consulter l'aide de l'outil utilisé disponible en ligne.

> **BON À SAVOIR**
> Depuis novembre 2009, le moteur de recherche Google propose de nouvelles fonctionnalités pour trier les résultats : par catégories (images, vidéos, actualités, blogs, forums, livres), par dates, ou par types d'affichage (recherches associées, chronologie), possibilité d'afficher des descriptions plus longues pour les sites trouvés… Elles sont accessibles une fois la requête lancée en cliquant sur le lien « Afficher les options ».

EN PRATIQUE

BIEN UTILISER GOOGLE !

Les options « roue magique » et « chronologie » méritent quelques précisions. Vous y avez accès en sélectionnant « plus d'outils » lorsque votre recherche est lancée.

La roue magique permet d'enrichir les résultats puisqu'elle propose des recherches associées à la requête, structurées sous forme d'une roue qui peut se déployer de proche en proche.

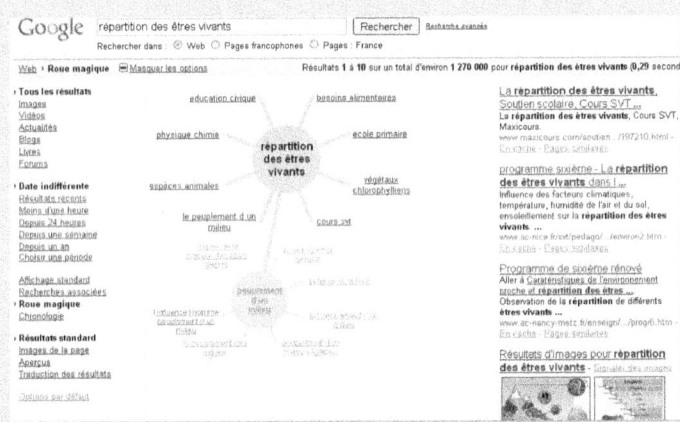

La chronologie permet d'afficher les résultats sous forme chronologique avec une frise et des histogrammes indiquant le nombre plus ou moins élevé de réponses. Elle est utile si vous cherchez des informations sur un personnage ou un événement historique.

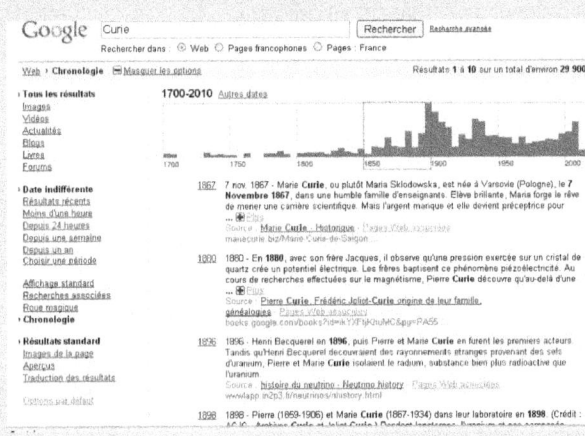

Évaluer les résultats

Après lecture des résultats (attention, ne vous limitez pas aux premières pages affichées !), l'étape suivante, essentielle elle aussi, consiste à analyser l'information obtenue. Développez votre esprit critique tel un internaute averti !

Il faut trier les sites et ne sélectionner que les plus intéressants. Évaluez, dans un premier temps, par un parcours rapide, la qualité du site :

- Son contenu : qualité, précision et mise à jour de l'information. Le texte est-il de bonne qualité ? Peut-on vérifier l'information ? Le sujet est-il traité dans son ensemble ? Le contenu est-il mis à jour régulièrement ? Y a-t-il une bibliographie ?
- L'identité de l'auteur : crédibilité, fiabilité. Qui est l'éditeur du site ? A-t-on des renseignements sur son identité ? Présence d'un lien vers une adresse électronique pour communiquer ?

> **BON À SAVOIR**
>
> L'encyclopédie en ligne Wikipédia est très utilisée par les internautes et arrive très souvent en tête des résultats. Il est préférable que vous connaissiez son mode de fonctionnement avant de l'utiliser pour vos recherches. Le principe : chaque lecteur peut devenir contributeur en modifiant ou créant un article qu'un administrateur va valider et mettre en ligne. Les articles peuvent ainsi être modifiés, corrigés, commentés. Il s'agit donc d'une encyclopédie en permanente construction pour laquelle on peut parfois s'interroger sur la fiabilité du contenu. Depuis quelques années, de nouveaux moyens de contrôle ont été mis en place pour éviter toute dérive. Soyez tout de même prudent et incitez vos élèves à l'être en consultant par exemple l'historique des articles et en cherchant systématiquement une deuxième source d'informations afin de vérifier la validité des renseignements obtenus dans la première. Par exemple, en consultant l'encyclopédie Larousse en ligne (*http://www.larousse.fr/encyclopedie*).

Si l'ensemble des résultats ne vous satisfait pas complètement, il faut penser à changer la stratégie :

- modifier la requête (en élargissant ou restreignant les mots-clés ou en utilisant les options) ;
- changer d'outils.

Organiser les résultats

Maintenant que votre recherche est effectuée et que vous en êtes satisfait, il faut penser à créer votre bookmark (appelé aussi signet, marque-page ou favoris selon le navigateur). Un bookmark permet de retrouver des sites jugés intéressants directement depuis la barre des tâches de votre navigateur. Il peut être organisé au moyen de dossiers et de sous-dossiers tout comme l'espace personnel de votre disque dur.

Vous pouvez organiser vos signets en fonction de vos centres d'intérêt. Par exemple :

- par thèmes (droit, éducation, formation, économie, société, culture…) ;
- par localisation des sites (sites étrangers, Union européenne, sites nationaux, sites académiques…) ;
- par types de sites (outils de recherche, sites portails, sites institutionnels, sites pédagogiques, presse en ligne…) ;
- par types de documents (études, textes réglementaires, dossiers, articles de presse, dictionnaires…).

> **EN PRATIQUE**
>
> **UTILISER UN BOOKMARK**
>
> Pour enregistrer une page, faites glisser son URL dans la barre de navigation et classez-la ensuite dans le dossier adapté. La page est enregistrée avec le nom de son adresse Web, vous avez donc intérêt à la renommer avec un nom plus explicite. Pensez à actualiser régulièrement votre bookmark pour éviter les adresses erronées et leur multiplication.
> Une autre technique très facile à utiliser consiste simplement à « Ajouter aux favoris » ou « Marquer cette page ».
> Pour être bien efficace, n'hésitez pas à consulter l'aide en ligne proposée par les navigateurs.

Dernier conseil : si vous utilisez des informations telles que vous les trouvez sur le Net, vous devez avoir bien conscience du respect des droits d'auteur (▶ fiche 5).

Fini les recherches interminables. Vous êtes maintenant fin prêt pour surfer sur le Web avec un maximum d'efficacité ! Quelques astuces et un peu de rigueur, et vos recherches seront de bien meilleure qualité.

Fiche 9

Se tenir informé
L'info sur un fil

Internet est sans aucun doute le média le plus adapté pour se tenir informé. Devant cette masse d'informations disponibles, sélectionner la plus précise ou la plus adaptée à votre problème peut s'avérer délicat : comment faire pour trouver, dans un délai raisonnable, les informations qui sont susceptibles de vous intéresser ? Y a-t-il des dispositifs qui peuvent vous alerter d'une nouveauté ?

LES INFORMATIONS PERTINENTES

Dès lors que vous avez trouvé des sites Internet pertinents, le premier réflexe qui vous vient à l'esprit est de les enregistrer dans les marque-pages et les favoris de votre navigateur. Il ne vous reste plus, ensuite, qu'à les consulter régulièrement et ainsi obtenir des informations intéressantes. Plutôt que d'aller chercher l'information, l'idéal serait qu'elle puisse venir à vous !

Un flux RSS

Le flux (ou fil) RSS (RSS pour *Really Simple Syndication*) représente un moyen de vous tenir informé des nouveaux contenus d'un site Web, sans avoir à le consulter systématiquement. Un fil RSS est un fichier (au format XML) contenant le titre de l'information, une courte description et un lien vers une page décrivant en détail l'information. Les sites proposant un ou plusieurs fils d'actualités au format RSS affichent souvent le logo suivant :

En cliquant sur ce logo, il vous est alors proposé de vous abonner à ce flux. Pour pouvoir ensuite consulter votre flux RSS, vous devez disposer d'un outil spécifique, appelé « lecteur RSS » ou encore « agrégateur RSS ».

Il existe deux types d'agrégateurs pour gérer et consulter vos flux :

- en ligne : des sites qui permettent de gérer vos flux RSS (On peut citer Google Reader, iGoogle, Netvibes, ou Technorati) ;
- en local : des logiciels spécifiques installés sur votre ordinateur et qui permettent de gérer vos abonnements. Les dernières versions des principaux navigateurs disposent d'un lecteur RSS intégré efficace et simple d'utilisation.

Gérer ses flux RSS *via* son navigateur Internet, c'est la garantie de ne pas avoir à passer par un logiciel tiers, mais aussi la simplicité pour les intégrer à vos favoris. Firefox et Internet Explorer possèdent leur propre solution d'intégration.

> **BON À SAVOIR**
>
> Il vous est donc possible d'opter pour une solution de consultation en ligne de vos flux RSS. L'avantage est alors de pouvoir consulter vos fils sur tout ordinateur. Plusieurs sites permettent de composer votre page d'accueil à partir de plusieurs fils RSS à condition que vous ayez créé un compte. Pour ajouter un nouveau flux RSS intéressant, il suffit de cliquer sur le bouton « Ajouter un abonnement », et d'entrer l'adresse du flux en question. Si vous vous sentez l'âme d'un Webmaster (et les compétences qui vont avec), vous pouvez utiliser le flux RSS d'un site Web afin d'afficher sur votre site les informations.

Listes de diffusion

Lorsque vous considérez qu'un site Internet diffuse des informations qui correspondent très souvent à vos besoins professionnels (textes officiels, dernières nouvelles dans votre discipline, actualités…), rien de plus simple que de vous y abonner quand c'est proposé. Aujourd'hui, un grand nombre de sites proposent une liste de diffusion.

La liste de diffusion permet simplement à un site Internet de diffuser des informations à tous ses abonnés. L'échange se fait à sens unique, les abonnés se contentant de jouer un rôle de récepteurs d'informations. Les membres de la liste de diffusion reçoivent régulièrement des informations directement par la liste. Ces listes n'ont donc pas pour but de favoriser les discussions entre les abonnés, contrairement aux listes de discussions (▶ fiche 15).

> **BON À SAVOIR**
>
> Si pour une raison ou pour une autre vous ne souhaitez plus recevoir les messages de la liste, vous pouvez également demander à être supprimé de celle-ci. Rendez-vous simplement sur la page de désinscription et entrez l'adresse de courriel que vous voulez supprimer.

UN TRAVAIL DE VEILLE

Compte Twitter

Twitter est sûrement un des outils Web des plus pratiques pour faire de la veille technologique ou pour suivre une actualité précise. Le principe est très simple : Twitter diffuse des « tweets », des mini-messages réduits à cent quarante caractères et ce, en temps réel. Consulter les comptes Twitter peut donc être une stratégie complémentaire à la consultation des fils RSS.

Il existe de nombreux services et outils pour préparer votre veille :

- une première approche est de suivre les personnes que vous jugez intéressantes mais cela représente un temps de filtrage très important. Le compte Twitter de votre académie, d'une association liée à votre discipline, ou celui d'un collègue innovant : abonnez-vous et vous évaluerez à l'usage la qualité et la pertinence des messages ;
- autre possibilité : les « hashtags » permettent de retrouver des tweets autour d'un sujet donné. Les hashtags sont des mots-clés précédés par un #. La première chose à faire est d'établir les hashtags possibles autour de vos sujets favoris. Le site de recherche de Twitter (*http://search.twitter.com*) est alors un outil performant pour traquer l'info recherchée.

S'agissant d'un réseau, vous pouvez trouver quelques perles rares en consultant vous-même les comptes des personnes qui consultent les mêmes informations que vous. Vous pouvez ensuite organiser vos différents comptes en liste pour mieux suivre les informations par thèmes. Pour se désabonner, cela s'effectue en un seul clic.

Collecte et partage de signets en ligne

Si vous effectuez régulièrement des recherches sur Internet, pour vous informer ou trouver du matériel pédagogique, vous vous êtes sûrement déjà posé la question de la conservation de vos recherches. Une solution consiste à ajouter un signet dans son navigateur pour retrouver le site qui vous a intéressé, mais les problèmes sont nombreux :

- les signets ne sont que sur un ordinateur, vous ne pouvez pas les retrouver depuis un autre poste ;
- les possibilités de classement sont limitées (même si les nouvelles versions des navigateurs évoluent) ;
- il est difficile de conserver ainsi une grande quantité de signets.

Heureusement il existe des sites qui vous permettent de sauvegarder, classer et annoter tous vos signets en ligne. Autre avantage, une fois en ligne vous pouvez aisément les partager avec vos amis, vos collègues, etc., et mettre en commun vos ressources.

La plupart des sites de signets en ligne fonctionnent sur le même principe : une fois inscrit sur le site, on installe un bouton supplémentaire sur son navigateur. Il suffit alors de cliquer sur ce bouton lorsque l'on se trouve sur une page que l'on souhaite sauvegarder.

Et voilà, vous pourrez ensuite retrouver facilement cette page et éventuellement la partager avec vos amis, vos collègues, vos étudiants ou avec le monde entier. Deux sites référence, mais il en existe d'autres, dont le petit nouveau, Pearltrees (*http://www.pearltrees.com/*) :

- del.icio.us (*http://delicious.com/*) : premier site de partage de signets à avoir été créé, c'est le site qui rassemble le plus grand nombre d'utilisateurs. L'ensemble de ces signets constitue une banque de ressources et il est intéressant d'y faire des recherches parmi les signets partagés des utilisateurs ;
- Diigo (*http://www.diigo.com/*) offre davantage de possibilités. Il correspondant à l'acronyme « Digest of Internet Information, Groups and Other stuff » et possède une interface plutôt ergonomique. Il autorise à garder une copie des pages sauvegardées, à surligner des passages d'un texte en ligne, à ajouter des annotations ciblées, à y créer des groupes de partage, des listes thématiques…

Les intérêts sont multiples :

- vous pouvez classer et archiver au fur et à mesure de vos recherches Web tous les documents qui vous semblent intéressants pour une éventuelle exploitation pédagogique. Diigo vous permet également de conserver

une copie de la page sauvegardée et d'y ajouter des annotations sur les possibilités d'exploitation en classe par exemple ;
- la dimension collaborative de ces outils facilite la mise en commun de ressources autour d'un projet, ou d'une équipe pédagogique ;
- dans le cadre de travaux de recherche bibliographique, demander aux élèves de partager leurs sources peut être une bonne façon de lutter contre le plagiat.

BON À SAVOIR
D'autres applications Web également disponibles (après inscription gratuite) permettent une gestion à la fois des flux RSS et des signets. Véritables bureaux virtuels, Netvibes (*http://www.netvibes.com/netvibesfr*) et Symbaloo (*http://www.symbaloo.com/*) se présentent sous la forme d'une page d'accueil personnalisable qui facilite l'accès à tous les contenus Internet que vous sélectionnez.

Il existe donc de multiples façons de vous tenir informé des dernières nouveautés. Choisissez le dispositif adapté à vos besoins et qui finalement vous simplifie le travail. Au gré de vos découvertes, au détour d'un lien, vous pouvez même parfois trouver des informations surprenantes, ludiques ou originales.

Partie 2

Maîtriser différents outils numériques pour devenir un « ingénieur pédagogique »

Fiche 10

Élaborer ses documents de cours

Quality strict

Une fois le contenu de votre séance clairement défini, une de vos préoccupations est de concevoir les documents à destination de vos élèves. Parfois, il est difficile de réaliser des fiches de cours de qualité, par manque de temps ou de moyens. Cependant, il existe des outils performants qui peuvent vous aider et vous faciliter la tâche. Quelques petits conseils avant de vous précipiter dans la conception...

LES LOGICIELS ADAPTÉS À VOS BESOINS

Fini la photocopieuse et les montages hasardeux ! Toute une collection de logiciels est à votre disposition et permet une mise en pages propre de vos documents de cours. Vous avez probablement l'habitude de travailler avec le logiciel de traitement de texte installé sur votre poste de travail. Vous disposez peut-être d'une suite bureautique (Microsoft Office, OpenOffice) : plusieurs logiciels complémentaires (traitement de texte, tableur, diaporama, messagerie...) vous permettent alors de produire des documents adaptés à vos besoins. Vous pouvez également utiliser les applications en ligne (▶ fiche 4). Bref, il y a de l'offre. À vous de choisir !

Traitement de texte

Après une prise en main rapide, les applications de traitement de texte servent à concevoir rapidement un document de qualité pour vous et pour vos élèves. Idéales pour la plupart des documents utiles pour vos cours, elles permettent d'associer, sans difficultés particulières, du texte, des tableaux, des images, avec une mise en pages satisfaisante.

> **BON À SAVOIR**
> Suite à un accord signé avec le ministère de l'Éducation nationale, vous avez la possibilité de télécharger (*http://www.microsoft.com/france/education/prim-sec/enseignants/office/home.aspx*) et l'autorisation d'utiliser la suite Microsoft Office pour produire vos documents. Pour cela, vous devez justifier de votre appartenance au monde enseignant en fournissant votre adresse académique et votre Numen, et vous assurer que votre établissement possède la licence Office 2007 !
> Open Office est une suite libre, performante, totalement gratuite, adaptée à Windows comme à Linux ou à Mac, et les mises à jour se trouvent régulièrement sur Internet. Elle est entièrement compatible avec Microsoft Office.
> Il existe d'autres suites gratuites pour Linux, comme KOffice.

Récemment, les contributeurs d'Open Office ont réaffirmé leur indépendance. Le logiciel change de nom. À l'heure où nous éditons ce livre, Open Office s'appelle provisoirement Libre Office et le projet « openoffice.org » devient The Document Fondation. Quelques conseils d'usages simples :

- familiarisez-vous avec les icônes qui facilitent votre travail : ouvrir, fermer, enregistrer le document, mettre en gras, italique, etc. Dans les Préférences ou les Options, sélectionnez les plus utiles pour vous (il ne faut pas surcharger), ou alors laissez la configuration d'origine ;
- les programmes possèdent souvent des correcteurs automatiques. Une faute d'orthographe est signalée automatiquement par un trait rouge sous le mot. Pour une erreur grammaticale, il s'agit d'un trait vert. Faites alors un clic droit, il vous sera proposé d'autres solutions ;
- faites des sauvegardes régulières de vos documents. Dans les réglages, vous pouvez déterminer la fréquence des enregistrements automatiques. Cela vous évitera des soucis en cas de coupure de courant ou de fausse manipulation. Sauvegardez vos documents sur un support différent (clé USB…) ;
- l'utilisation du mode Plan permet de masquer le corps du texte et de n'afficher que les éléments d'un certain niveau logique (corps de texte ou titre). Ce mode d'affichage permet de développer ou de réduire chaque titre, c'est-à-dire de déployer ou de refermer l'arborescence des sous-titres ;
- pour mettre facilement en évidence la structure du document, vous pouvez exploiter les possibilités de la feuille de style qui vous permet

d'intervenir dans des corrections de forme sans modifier le contenu de votre document.

> **BON À SAVOIR**
>
> Tous les logiciels de traitement de texte contiennent des feuilles de style prédéfinies, qui permettent de gagner du temps dans la mise en forme d'un texte. Le principe est simple : les feuilles de style sont des outils qui permettent d'attribuer à du texte ou à des paragraphes un ensemble de caractéristiques de formatage (police, taille, alignement, etc.) en une seule opération. Un style, défini par un nom (exemple : titre, paragraphe), peut être ajouté, modifié et le format s'applique immédiatement à toutes les parties du texte auxquelles on a attribué ce style. Vous pouvez ainsi vous créer votre propre « style personnel » en fonction de vos souhaits.

> **EN PRATIQUE**
>
> Pour insérer simplement et proprement dans un document Open Office des cartes ou des symboles mathématiques, vous pouvez télécharger et installer des macros (petits programmes qui ajoutent des fonctionnalités supplémentaires) comme Dmaths (*http://www.dmaths.org*), Ooo.HG (*http://ooo.hg.free.fr*), Dsciences (*http://dsciences.free.fr*).

Publication assistée par ordinateur

Comment faire pour présenter un document de façon originale, assembler des textes sur plusieurs colonnes, intégrer des images comme dans un journal sans bouleverser l'organisation du document ? Ce qui paraît compliqué avec les logiciels classiques de traitement de texte devient en revanche plus simple avec un logiciel de PAO (publication assistée par ordinateur). Ils sont une alternative originale pour produire des documents de cours plus proches de la mise en pages professionnelle et des manuels scolaires.

Ces logiciels sont basés sur le placement de blocs de textes, images et autres objets géométriques que vous pouvez créer et déplacer à volonté. Le texte s'adapte alors automatiquement à vos dessins ou à votre mise en page. Votre document peut être conçu comme la superposition de plusieurs couches (appelées aussi « calques »). Le contenu de chaque calque peut être modifié indépendamment, ce qui permet de travailler le document en profondeur. Un modèle de fiche satisfaisant peut ensuite être dupliqué et réutilisé pour vos autres documents.

Les principaux logiciels de cette catégorie sont Publisher (*http://office.microsoft.com/fr-fr/publisher*), InDesign (*http://www.adobe.com/fr/products/indesign/*), Scribus (*http://www.scribus.net/*), PagePlus (*http://www.freeserifsoftware.com/default.asp*), et QuarkXPress (*http://euro.quark.com/fr/*).

> **EN PRATIQUE**
>
> **DOCUMENT DE COURS RÉALISÉ AVEC SCRIBUS.**
>
> Son interface, peut-être un peu déroutante au départ, devient rapidement assez intuitive. Scribus permet de créer toutes les pièces du document indépendamment les unes des autres (cadres, textes, formes particulières, images...) puis de les assembler pour réaliser un document de très bonne qualité (même en A3) ! Avant de vous lancer, il est préférable de réaliser une esquisse sur papier du document. De cette façon, vous serez plus efficace.
>
>
>
> **Atout supplémentaire :** il existe une version portable du logiciel utilisable sur la clé USB : plus besoin d'installer le logiciel sur les postes de votre établissement pour travailler (▶ fiche 3).

Chaînes éditoriales

Une chaîne éditoriale est un logiciel de production de contenus multimédias, qui facilite la tâche de création, automatise la mise en forme et per-

met la publication sous différents formats en distinguant le contenu et la forme. Les documents peuvent ainsi être produits sous divers supports :
- diaporama pour un cours ;
- documents papiers de référence (formats Open Office et pdf) ;
- format Web classique pour alimenter un site Internet ;
- format Web pour une diffusion sur des plates-formes de formation.

Une seule saisie suffit pour les informations, et le logiciel génère le document sous les formes souhaitées (site Web, document papier, présentation…). Un gain de temps très appréciable !

> **BON À SAVOIR**
> Plusieurs applications parmi lesquelles ChaineEdit (*http://www.chainedit.fr/*), ExeLearning (*http://exelearning.org/*) et enfin Opale (http://scenari-platform.org/projects/opale/fr/pres/co/), fondée sur la suite logicielle libre Scenari, permettent de créer des documents, en transformant automatiquement le contenu pour différents supports. Ils s'adaptent à votre pratique pédagogique ou à la charte de votre établissement s'il s'agit d'un projet collectif. Avant de vous lancer dans l'aventure, le contenu et la structure de vos documents doivent être clairement établis.

Dans la mesure du possible, demandez conseil avant de vous lancer dans l'installation d'une application sur votre ordinateur. Utiliser un logiciel recommandé et bien maîtrisé par un collègue facilitera votre prise en main. Consultez les sites en ligne qui proposent des recommandations (▶ fiche 3).

UN DOCUMENT DE QUALITÉ

Quel que soit le type de logiciel choisi, le côté esthétique et la mise en page ne doivent pas devenir votre unique préoccupation et occulter le reste. Pour une exploitation optimale du document dans votre séance, plusieurs critères sont également à prendre en compte dans l'intérêt de vos futurs lecteurs.

Intérêt pour l'élève

Le document est le lien matériel entre vous et vos élèves. Il sera accueilli favorablement si vous l'avez conçu pour eux. Pour cela, vous devez impérativement soigner la qualité et la présentation de votre document. Ne confondez pas vos documents personnels qui ont servi pour votre séance de cours et les documents destinés à vos élèves. Cela vaut la peine d'y consacrer un peu de temps.

À vous de définir, en début d'année, le style associé à chaque partie de votre document. La fonte (police de caractères, taille, épaisseur, style : gras, italique, barré…) est très importante. Sélectionnez une fonte agréable, lisible sur papier et suffisamment générale pour être présente sur la plupart des postes informatiques. Rédigez quelques documents types et demandez conseil à vos collègues. Et pourquoi ne pas demander leur avis à vos élèves ?

Les caractères se divisent en deux grandes familles : les caractères avec empattement (serifs, en anglais) et les caractères sans empattement (sans serifs) :

- caractère avec serifs : l'empattement est le trait horizontal plus ou moins épais en haut et en bas du jambage des lettres. Ces empattements, agréables sur un support papier, réduisent la lisibilité du texte sur un écran d'ordinateur et fatiguent le lecteur. Les polices avec serifs sont déconseillées pour l'écriture Web. Exemples : Times New Roman ; Century Schoolbook ; Bookman Old Style ;
- caractères sans serifs : appelés aussi caractères bâton, ils ont un jambage d'une épaisseur uniforme. Ils sont conseillés dans l'écriture des pages Web. Exemple : Arial ; Helvetica ; Verdana.

Gardez en mémoire que certaines polices sont plus difficiles à décoder pour les collégiens (taille, espacement des caractères…). Sachez donc adapter vos documents, sans oublier celles et ceux qui ont des difficultés réelles de déchiffrage et de lecture.

EN PRATIQUE

Pour les dyslexiques, il faut veiller à choisir des fontes où la longueur des barres, pour les *d, b, p* ou *q*, est bien distincte pour éviter leurs confusions. Une police semble plutôt adaptée : Lexia. Elle est téléchargeable (*http://fr.fontriver.com/font/lexia/*) et présente, par exemple, comme intérêt de bien différencier les *b* et *d* ainsi que les p et les q. Les polices sans serifs telles que Comic et Arial sont également satisfaisantes.
Exemple avec Lexia : **bande - piqûre**

> **BON À SAVOIR**
>
> Si une police de caractère est absente de l'ordinateur sur lequel vous affichez votre document, par exemple juste avant l'impression, le logiciel de traitement de texte prendra alors une police par défaut, modifiant ainsi votre mise en pages. Une solution, pour éviter ce souci, est d'enregistrer votre document en version pdf, il gardera alors automatiquement votre mise en pages !

Les images

Il est également possible d'intégrer un sigle, un pictogramme, qui aidera l'élève à classer ses types de fiches, à identifier une rubrique particulière (aide, objectifs, etc.). Essayez, dans la mesure du possible, de choisir des sigles simples, identifiables au premier regard. Pour disposer d'une banque d'images diverses et prêtes à l'emploi, cherchez des sites spécialisés en vérifiant si les images que vous utilisez sont libres de droit (▶ fiche 5). Veillez également à ce que le logo soit de bonne qualité à l'impression et lors de la photocopie.

Vous pouvez utiliser des logiciels de traitement d'images pour redimensionner, retoucher, ajouter une information, recadrer. Il existe de nombreux logiciels souvent très performants pour vous satisfaire. Quelques exemples : PhotoFiltre (*http://photofiltre.free.fr/*), Gimp (*http://www.gimp.org/*), Photoshop (*http://www.adobe.com/fr/products/photoshop/*), et certains d'entre eux sont gratuits et téléchargeables en ligne.

> **BON À SAVOIR**
>
> Une image est constituée d'un ensemble de points appelés pixels. On appelle définition le nombre de points (pixels) constituant l'image en largeur et en longueur. La résolution détermine le nombre de pixels par unité de surface, exprimée en point par pouce (ppp) ou *dots per inch* (dpi) en anglais, un pouce représentant 2,54 cm. Plus le nombre de pixels par pouce est important, meilleure est la qualité de l'image.
> Attention, la résolution d'une image destinée à l'écran n'a pas besoin d'être aussi élevée que pour une image qui sera imprimée. En effet, la résolution pour un écran est de 72 ppp alors que 200 ppp sont nécessaires pour une impression de bonne qualité. Aussi, avant d'imprimer, vérifiez que la résolution est suffisante pour obtenir un document lisible et de qualité satisfaisante.
> Prenez en compte ce paramètre, car la mauvaise lisibilité d'un document exploité en classe pourrait saborder votre séance.

Des documents de cours agréables, structurés : voilà des éléments immédiatement exploitables. Profitez de toutes les fonctionnalités offertes par les logiciels de traitement de texte, de traitement d'images ou testez les logiciels de PAO pour produire des supports de cours de qualité. Vos élèves apprécieront vos efforts et prendront plaisir à consulter vos cours et polycopiés.

Fiche 11

Réaliser et diffuser des documents multimédias

Version originale

Trouver une stratégie d'enseignement motivante pour vos élèves afin de susciter le désir d'apprendre ou pour révéler la pertinence d'une information n'est pas toujours une tâche facile. Lorsqu'elle fait appel aux sens – à l'écoute, à la vue – cela favorise l'attention de vos élèves. Si vous êtes à court d'inspiration, pensez au multimédia !

UTILISER LE MULTIMÉDIA

Intégrer des documents multimédias dans vos séances devient aisément réalisable grâce aux logiciels actuels. Il existe, en effet, différents types d'outils multimédias qui peuvent vous aider à illustrer vos séances.

Différents formats

À vous de sélectionner le format le plus adapté à votre séance et à vos élèves. Réfléchissez également à son mode de diffusion : allez-vous utiliser le vidéoprojecteur pour capter l'attention de tous ou au contraire utiliser les ordinateurs pour que chaque élève puisse découvrir le document à son rythme ?

Quel support semble le mieux adapté pour votre séance ? Quel sera le contenu de vos documents ? Le document et son support ont un rôle essentiel à jouer dans la construction du savoir et du savoir-faire de l'élève, car ils vont assurer le lien matériel entre vous et vos élèves.

- La vidéo présente un intérêt particulier pour vos élèves (il suffit d'observer la popularité des sites tels que *www.youtube.com* pour s'en convaincre). Elle peut convenir dans beaucoup de situations.

Plusieurs sites éducatifs proposent diverses vidéos, parfois gratuites ! Ce sont de véritables vidéothèques dont le contenu (aux formats .avi et .mp4 en général) est classé par thème, par date ou par niveau de classe, et les extraits sont accompagnés de fiches pédagogiques. Il n'y a plus qu'à choisir celles qui sont les plus pertinentes par rapport à l'objectif à atteindre !

> **BON À SAVOIR**
>
> Le contenu des sites de France 5 est bien adapté à l'enseignement secondaire :
> - sur *http ://www.curiosphere.tv*, les vidéos sont consultables directement en ligne et téléchargeables si vous ou votre établissement êtes abonnés ;
> - sur *http ://www.lesite.tv*, il faut désormais créer un « compte démo » pour les consulter. À noter que des extraits des émissions « C'est pas sorcier » qui traitent d'une grande variété de sujets (la Terre, l'Univers, la santé, l'histoire…) sont à présent disponibles sur ce site ;
> - le site *http ://www.canal-u.tv* est plus adapté à l'enseignement supérieur, il fournit en particulier des conférences sur différents thèmes.

- Le « flash » est un format pouvant être inséré dans une page Web pour être visionné directement en ligne. Il est essentiellement utilisé pour créer des animations (souvent des images de synthèse) et ajouter une petite touche d'interactivité. Son utilisation est intéressante pour expliquer une technique précise ou plus simplement pour s'exercer à travers un exercice interactif. Vous pouvez disposer d'animations très abouties sur beaucoup de sites éducatifs (par exemple *http://www.edumedia-sciences.com/fr/*) ou les concevoir par vous-même en utilisant un logiciel approprié (▶ fiche 20).
- Les manuels numériques, qui se développent de plus en plus, constituent un support enrichissant pour la classe lorsqu'ils offrent, en plus des pages numérisées du manuel papier, des liens vers des ressources complémentaires : documents multimédias, applications logicielles, exercices interactifs, générateurs d'exercices, voire des jeux vidéos. Leur valeur ajoutée par rapport aux ressources papiers dépend du niveau d'enrichissement de chacun. Vous accédez au manuel numérique soit après téléchargement et installation d'une petite application, soit en ligne après identification. Renseignez-vous sur les sites Internet des éditeurs pour connaître ce que chacun propose.

> **BON À SAVOIR**
> *http://www.lelivrescolaire.fr/* conçoit des livres numériques (rédigés collaborativement par des enseignants) pour tirer profit au maximum des opportunités offertes par le numérique et le Web : interactivité, exercices en ligne, fonctionnalités, mise en pages adaptée à Internet. Vous pouvez alors demander à vos élèves de réfléchir sur les exercices en ligne et aussi récupérer leurs résultats *via* Internet. Le dispositif vous permet également de compléter le livre numérique par des documents personnels (leçons, corrigés). Pour l'instant, français et histoire-géographie 5e/4e sont disponibles.

- Les présentations sous forme de diaporamas sont de plus en plus utilisées par les enseignants (et même par les élèves) pour projeter leurs cours en classe ou comme support visuel lors d'une réunion ou d'un stage. Un diaporama peut ensuite être exporté au format HTML ou au format flash pour être diffusé et consulté en ligne sur votre site Internet.

> **BON À SAVOIR**
> Un dispositif astucieux permet de projeter le contenu des livres (version papier) sur un écran : la visionneuse. Équipée d'une caméra numérique, elle permet de projeter des extraits d'un manuel, mais aussi une fiche rédigée par un élève. Vos élèves n'ont plus la tête plongée dans leurs livres ! Pour l'instant, peu d'établissements scolaires en sont équipés mais, avec la popularité des démarches « zéro papiers inutiles » (pour un éco-enseignement) cela devrait évoluer rapidement.

Pratiques et intérêts pédagogiques

Dans l'hypothèse où vous vous lancez dans une aventure multimédia, il est bon de respecter quelques consignes et de tenir compte de petits conseils :
- vérifiez que le multimédia est le support le plus adapté pour votre séance : il ne s'agit pas d'épater la galerie (faire un quiz rapide de dix minutes pour vérifier les connaissances de vos élèves n'exige pas de déplacer ces derniers en salle informatique) ;
- avec votre document, votre séance va-t-elle se trouver dynamisée ? Pensez aussi que chaque élève va pouvoir ensuite réexploiter le document à son rythme pour peu que ce dernier soit disponible ou en accès libre… Assurez-vous également que vous avez les compétences techniques pour

aller au bout de la réalisation. La conception de supports multimédia est chronophage. Ne vous lancez pas seul dans un projet trop ambitieux en prenant le risque d'une première expérience malheureuse. Un logiciel de traitement d'image, de son, ne se maîtrise pas en quelques minutes.

Depuis plusieurs années, j'ai la possibilité d'utiliser le vidéoprojecteur comme support pour mes séances de cours. Il offre de nombreux avantages :
- *un certain confort : le fait de ne plus être à écrire au tableau le dos tourné à la classe ;*
- *un enrichissement des séances grâce à la variété des documents multimédias.*

Grâce à la vidéo, les élèves se représentent mieux la situation qu'avec de simples images statiques de leur livre. Par exemple, avec les 3es, lorsque nous étudions la guerre 14-18, je montre des extraits de vidéos (documents d'archive) sur la vie dans les tranchées et la vie à l'arrière. La vidéo numérique présente aussi l'avantage de ne plus avoir besoin de caler la cassette à la position exacte !

J'utilise aussi des présentations sous forme de diaporamas dans lesquels j'intègre des cartes, des images, du texte (la problématique, des définitions...). Le support visuel rend les élèves plus attentifs et leur permet de suivre plus facilement le cours. Concrètement, pour l'étude de l'organisation spatiale des États-Unis en 3e, j'ai prévu un diaporama pour faire défiler progressivement les informations à retenir (nom et situation géographique des villes, les régions clés...). Au moins, je suis sûre qu'ils ont visualisé les données.

Un autre exemple en classe de 5e, pour le chapitre sur les villes médiévales, nous avons comparé les villes de Troyes et de Bruges à l'aide d'un diaporama montrant des cartes de chaque ville côte à côte. Les élèves n'avaient plus à tourner les pages de leur livre ce qui a renforcé les interactions dans la classe : ils prenaient la parole spontanément pour valider ou non les propos de leurs camarades. Au final, ils ont trouvé plus aisément les points communs.

En géographie, je m'appuie aussi sur des systèmes d'informations géographiques (SIG) avec Geoportail et Google Earth pour poser et résoudre des problèmes avec les élèves.

Ainsi, l'outil multimédia me permet-il de varier et d'enrichir les démarches d'enseignement et d'apprentissage."

Marina, professeur d'histoire géographie dans un collège

Le multimédia permet d'augmenter les performances de mémorisation et de compréhension des élèves. Plusieurs études (certaines disponibles sur le site de l'Institut national de recherche pédagogique, INRP) vont dans ce sens. Il rend aussi le cours plus attractif et donc plus motivant. C'est un outil à prendre sérieusement en considération pour notre enseignement.

DÉVELOPPER DES ANIMATIONS MULTIMÉDIAS

Diaporamas

Les interfaces des logiciels adaptés à la création de diaporamas (tels que PowerPoint de Microsoft Office et Impress de Open Office) sont suffisamment intuitives pour vous permettre de créer rapidement et facilement des présentations percutantes et dynamiques.

Si vous tapez déjà votre cours sur traitement de texte, de simples copier-coller vous permettront de réaliser vos diapositives. Par simples glissements, vous y ajoutez des images, des tableaux, des graphiques… Seuls le côté pédagogique et l'aspect graphique seront à finaliser pour que votre présentation soit adaptée à l'apprentissage et agréable à regarder. Par exemple, pour éviter de fatiguer vos élèves, il est conseillé de choisir une couleur d'arrière-plan autre que le blanc ! Sachez que la version PowerPoint 2007 permet de choisir et de modifier à tout moment le thème de votre présentation.

Vous disposez d'une animation flash ou d'un extrait de vidéo intéressant pour illustrer vos propos, inutile de perdre du temps devant vos élèves à retrouver son emplacement sur votre disque dur ou sur le Net, insérez sur la diapositive un lien vers le document qui est alors accessible en un clic !

Pour donner plus de dynamisme à vos présentations, vous pouvez utiliser ces logiciels pour réaliser très simplement des animations dynamiques. Cela consiste à ajouter des effets visuels ou sonores à votre texte. Pour mettre en valeur des éléments de votre diapositive, vous pouvez lui donner un style particulier (changement de couleurs, clignotement, disparition, déplacement…). Vous contrôlez aussi les options de minutage (temps, vitesse…).

Pour une présentation encore plus attractive, n'hésitez pas à intégrer à vos présentations des données audio (sons, musique, commentaires) à partir de vos fichiers personnels, d'Internet (en connaissance des droits) (▶ fiche 5).

Mais attention à les choisir judicieusement pour que les élèves ne considèrent pas l'application comme un simple divertissement !

EN PRATIQUE

Animation réalisée avec PowerPoint 2007 pour illustrer la méthode pour multiplier un nombre par 0,1 ou 0,01. Les paragraphes s'affichent au fur et à mesure (titre, règle, exemples) et pour aider les élèves à visualiser le principe, la virgule se déplace.

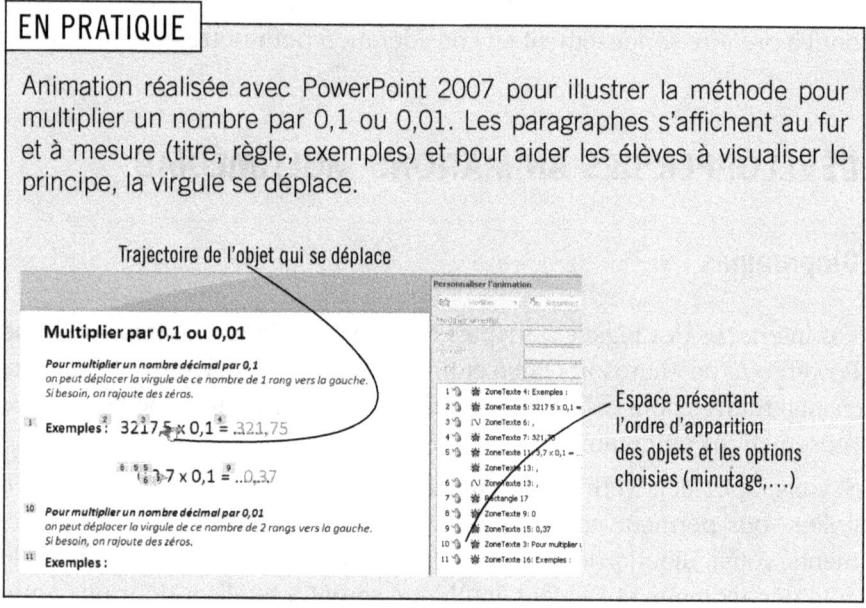

BON À SAVOIR

Il est possible d'enregistrer une présentation en tant que page Web, puis de la publier vers un serveur Web. De cette façon, vous partagez vos ressources avec d'autres collègues ou avec vos élèves.

BON À SAVOIR

Une application fort intéressante (http://prezi.com/) permet de préparer des présentations en ligne très originales. Il vous est possible de créer des présentations nonlinéaires sur lesquelles vous pouvez zoomer avec des cartes comprenant des mots, des liens, des images ou des vidéos.

Animations flash

Aux logiciels de présentation s'ajoutent d'autres outils permettant de créer des animations directement au format flash. Ils permettent de réaliser des animations intégrant images, sons, vidéos mais aussi des interactions avec l'utilisateur. Cela rend possible la création d'exercices pour lesquels l'élève doit sélectionner, écrire, déplacer…

Le logiciel Flash (*http://www.adobe.com/fr/products/*) du groupe Adobe est le plus connu. Son bémol : le prix, qui reste assez élevé, même avec la licence éducation. Si vous êtes plusieurs collègues intéressés au sein d'un établissement, vous pouvez faire la demande auprès de votre direction pour l'achat d'une licence d'établissement. Sinon, vous pouvez contourner l'obstacle par l'utilisation de logiciels moins onéreux, mais déjà suffisamment performants pour débuter. Le logiciel e-Anim (*http://www.e-anim.com/*) est gratuit (vous payez seulement si vous souhaitez des options supplémentaires) et offre des possibilités intéressantes pour la création d'animations multimédias (exportables en html et swf).

> **EN PRATIQUE**
>
> Voici deux copies d'écran d'animations réalisées avec e-anim puis exportées au format flash (swf).
> Objectif : aider des élèves de 4e à comprendre comment écrire des équations bilans équilibrées. D'abord, les élèves déplacent le nom des molécules pour les associer à leur représentation. Puis, ils indiquent le nombre d'atomes d'hydrogène, carbone et oxygène. Ensuite, se pose la problématique : comment équilibrer l'équation ?
>
>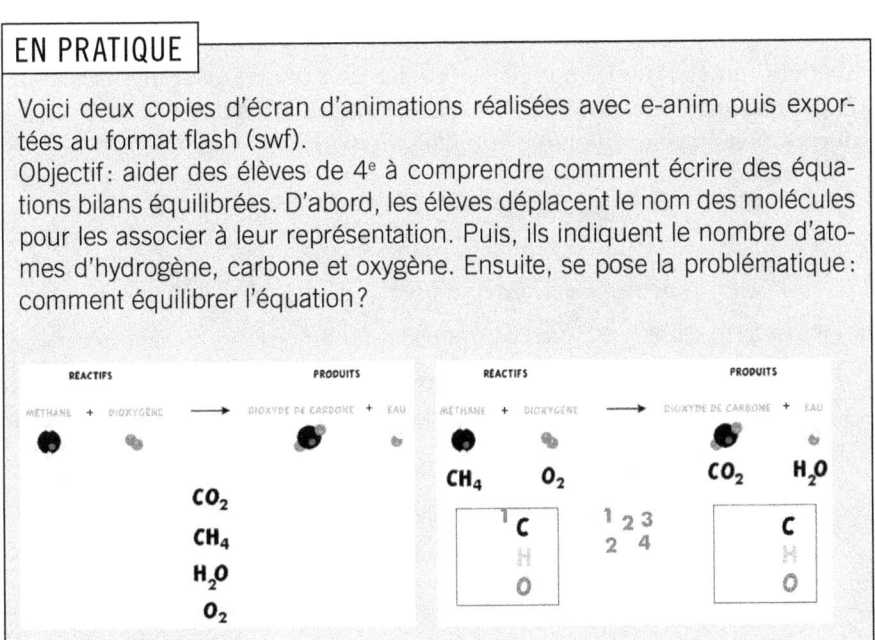

Montage audio/vidéo

Pour être dans les tendances du moment, le recours au MP3 est une bonne option ! L'usage du MP3 s'inscrit très bien dans le cadre de l'expression orale et de la compréhension. Il existe actuellement des logiciels gratuits et libres (tel que Audacity) qui permettent d'exploiter et de traiter les signaux audio. Leur utilisation n'exige pas de connaissances techniques particulières. Les élèves, avec un simple micro-casque, peuvent s'enregistrer sur un ordinateur, entendre le son de leur voix, écouter une bande-son préalablement enregistrée, sauvegarder leurs messages et les exporter au format MP3. Les travaux peuvent ensuite être exploités en classe entière pour valoriser les élèves et les conseiller de façon à ce qu'ils progressent dans leur apprentissage (▶ fiche 21).

En général, vos élèves sont également adeptes des montages vidéo. Aussi, l'apport du caméscope numérique peut-il être envisagé pour différents usages : présentation orale, activité théâtrale ou court-métrage… La caméra peut devenir un outil très intéressant pour valoriser le travail, souligner des erreurs, et entrer ainsi dans une démarche d'évaluation formative. Selon vos compétences techniques, cela demande un certain investissement pour la réalisation du montage. Sachez que certains de vos élèves sont très compétents pour réaliser un montage vidéo. Ils utilisent fréquemment Windows Movie Maker (il est gratuit et plutôt adapté aux débutants). Pour les spécialistes et les plus exigeants, Pinnacle Studio (*http://www.pinnaclesys.com/*) est aussi une valeur sûre et sa version gratuite videospin pour débuter : *http://www.videospin.com/fr/*.

Pour une pratique innovante et des cours plus attractifs et motivants pour vos élèves, pensez à intégrer le multimédia dans vos séances. Vous n'êtes pas toujours satisfait des animations que vous trouvez "toutes faites" ou vous pensez que vos diaporamas manquent de punch ? Expérimentez les possibilités proposées et pourquoi ne pas participer à une formation spécifique (▶ fiche 1) ?

Fiche 12

Utiliser le tableau numérique interactif

Plus de secrets

Au tableau noir ou blanc, outil incontournable de l'enseignant, est venu s'ajouter le rétroprojecteur, puis le vidéoprojecteur, et depuis 2004 le TBI (tableau blanc interactif). Vous en avez déjà certainement entendu parler puisqu'il est de plus en plus prisé par les établissements scolaires... Comment l'utiliser concrètement dans ses pratiques d'enseignant ? En quoi permet-il d'améliorer les séances de cours ?

PRÉSENTATION DU TABLEAU INTERACTIF

Le TBI appelé aussi TNI (pour « tableau numérique interactif ») est composé de trois éléments : un vidéoprojecteur, un tableau numérique et un ordinateur. Le vidéoprojecteur permet l'affichage sur le tableau numérique de l'écran de l'ordinateur et celui-ci peut être piloté à l'aide d'un stylet ou, selon les modèles, de son doigt. Il donne la possibilité de diffuser un large éventail de documents (audio, images, films, documents textes modifiables...) et rassemble en un appareil les outils familiers (téléviseur, magnétoscope, lecteurs CD/DVD, caméra, logiciels, applications). Il peut aussi être utilisé comme un simple tableau blanc sur lequel on écrit à l'aide du stylet ou du doigt.

Vu sous cet angle-là, rien de plus qu'un simple vidéo-projecteur couplé à un écran, si ce n'est qu'il n'est plus nécessaire d'être caché derrière son écran de PC pour le piloter. Son intérêt réside dans les différentes fonctionnalités du logiciel spécifique l'accompagnant.

> **EN PRATIQUE**
>
> Les principaux fabricants de TNI sont : Hitachi (logiciel : Starboard), Interwrite (Workspace), Promothean (ActivInspire/Activstudio), Smart (Notebook), Mimio (Mimio Studio), Ebeam (Speechi). Les fonctionnalités proposées par chacun sont globalement similaires ; les logiciels sont en continuelle évolution afin de les améliorer et de développer de nouveaux outils. Pensez donc à consulter régulièrement les sites des constructeurs afin d'être tenu informé des dernières versions et des mises à jour.

LES FONCTIONNALITÉS DU TNI

Une boîte à outils bien fournie

Le logiciel accompagnant le TNI se lance *via* un raccourci présent sur le bureau. Comme sur une page de dessin habituelle, vous disposez alors d'une palette de couleurs, de crayons, de formes particulières, d'une gomme, afin d'écrire, effacer sur votre page blanche (aussi appelée *paperboard*) et d'annoter tous vos documents (fichier texte, diaporama, tableau, pdf, page Web…). Vous pouvez, à votre guise, entourer des éléments importants et les relier entre eux, corriger un exercice, souligner des erreurs, des titres… Sachez que les TNI possèdent une option « reconnaissance du caractère » fiable qui va transformer un texte manuscrit écrit avec le stylet en un texte informatique.

L'utilisation des couches (en d'autres termes, les calques) permet d'afficher des séquences au rythme de la classe. La fonction « rideau » sert à mettre en lumière une partie d'un document, option intéressante lorsque l'on souhaite projeter un texte au fur et à mesure de l'avancée en classe. Si vous souhaitez mettre en valeur un élément important (formule à retenir, élément clé dans un texte, piège à éviter…), pensez à utiliser le « projecteur » (ou spot) qui permet d'éclairer davantage une partie du tableau.

La galerie de ressources (ou bibliothèque) que vous pouvez approvisionner tout au long de l'année offre déjà, à l'installation, des supports non négligeables comme des figures en mathématiques, des cartes en histoire géographie, des schémas en sciences, des images pour mettre en place des activités autour du vocabulaire en anglais, des objets flash qui accompagneront la leçon et la rendront plus ludique.

Les captures d'écran permettent d'enregistrer dans divers formats la fenêtre vue par le public : jpg, pdf, html, bmp, gif, et même Word et PowerPoint pour certains logiciels. Tous vos enregistrements sont classés comme des diapositives qui sont visibles au préalable grâce à la visionneuse. L'enregistrement vidéo des actions réalisées au tableau est aussi possible par un simple clic !

EN PRATIQUE

PAGE RÉALISÉE AVEC LE LOGICIEL INTERWRITE QUI ILLUSTRE L'INTERFACE DU LOGICIEL.

Sur la couche 1, les élèves visualisent la propriété accompagnée de la figure et des données, la conclusion s'affiche avec la couche 2 et enfin une couche 3 indique à la classe que l'ensemble est à retenir.

À RETENIR

La première propriété des milieux :
Si, dans un triangle, une droite passe par les milieux de deux côtés, alors, elle est parallèle au troisième côté.

Données :
ABC est un triangle
I milieu de [AB]
J milieu de [AC]

Conclusion ???
(IJ) est parallèle à (BC)

Utilisation de couches

Couche 1
Couche 2
Couche 3

Boîte à outils

Palette de dessin

> **BON À SAVOIR**
>
> Interwrite Learning (eInstruction) propose une version spécifique de son logiciel, dénommée Interwrite Workspace Edition Limitée (LE), utilisable avec ou sans tableau interactif et permettant la création, la modification et l'échange de séquences pédagogiques interactives multimédias de façon intuitive. C'est une version spécifiquement conçue dans le cadre de la convention de coopération avec le ministère de l'Éducation nationale et le ministère de l'Enseignement supérieur et de la Recherche, afin de permettre aux enseignants, formateurs, personnels d'encadrement, étudiants et élèves de découvrir et d'utiliser toutes les fonctionnalités de ce logiciel.

Tous ces outils permettent d'enrichir vos séances de cours sans avoir besoin d'être un expert en informatique, il faut simplement que vous soyez prêt à investir du temps pour apprendre à maîtriser le logiciel et concevoir des cours adaptés à l'usage du TNI. Plusieurs retours d'expériences disponibles en ligne (par exemple sur *http://www.inrp.fr*) indiquent une incidence positive sur le travail des enseignants et sur les apprentissages (gain de temps, élèves moins passifs…).

Choisir un TBI

Généralement, les choix par rapport à l'équipement informatique (achat, renouvellement…) dans un établissement sont discutés lors d'une réunion avec les membres de l'équipe pédagogique. Cela peut être l'occasion pour vous de solliciter votre chef d'établissement pour l'acquisition d'un TNI. Si votre demande est prise en compte, n'hésitez pas à proposer quelques conseils pour choisir l'équipement adapté à votre structure.

Quelques critères importants sont effectivement à prendre en considération en fonction des usages. Si vous avez des doutes, utilisez un TBI à l'essai, vous aurez quelques jours pour tester ses fonctionnalités.

Pour le tableau, il faut bien regarder la taille de l'écran (adaptée à celle de la classe) et le support : mural ou mobile (pratique mais implique de nouveaux réglages lors des déplacements).

Pour le logiciel, les outils cités précédemment sont globalement les mêmes pour chaque constructeur mais chacun a ses spécificités. Pensez donc à étudier prioritairement la simplicité et la convivialité, l'autonomie d'utilisation du logiciel (exploitation ultérieure pour préparer à la maison ses séances sans le tableau), et le format de sauvegarde : lourd/léger, contenu rééditable et modifiable, format d'exportation.

Arrivent également sur le marché des vidéoprojecteurs à courte focale, donc à encombrement minimal.

Pour plus d'informations : *http://www.tableauxinteractifs.fr/*.

> **BON À SAVOIR**
> Selon une enquête sur les technologies de l'information et de la communication (ETIC), le nombre de TBI/TNI s'élève en moyenne à seulement 0,3 pour 100 élèves dans le second degré, même si près de 80 % des lycées et près de 60 % des collèges en possèdent au moins un.

UNE DÉMARCHE COLLECTIVE

L'un des risques de l'utilisation du TNI est de s'orienter vers un cours de plus en plus magistral. Il ne faut pas céder à la tentation de vouloir faire de l'effet, mais se rappeler que l'outil doit être au service de la pédagogie.

Une aide à la construction des apprentissages

Les possibilités interactives offertes par le TNI présentent une réelle plus-value pour les enseignants et leur public lorsque son utilisation est réfléchie et étudiée en fonction des élèves et de l'objectif pédagogique visé. Voici quelques exemples :

- lors de situations de problèmes où les élèves doivent élaborer une stratégie et formuler des hypothèses pour répondre à une question, le TNI est une bonne interface de communication pour un travail collaboratif dans la classe. Le fait de chercher ensemble crée une ambiance dynamique et joyeuse qui motive les élèves. Au fur et à mesure des interventions d'élèves, vous annotez la page et adaptez le contenu de la séance en montrant des documents multimédia ;
- lorsque le tableau est plein, il n'y a plus l'inquiétude d'effacer quelque chose qui pourrait resservir plus tard ! Un élève pose une question sur un thème déjà abordé dans la séance, voire sur un exercice déjà corrigé : en quelques clics, vous bénéficiez du support visuel au tableau. Conserver en mémoire des cours est aussi un moyen de faire prendre conscience aux élèves de l'évolution de leurs capacités et de leurs connaissances ;

- l'outil vidéo est une option intéressante pour garder une trace de l'enchaînement des idées et pour construire une synthèse des connaissances mises en place. Le film peut être mis en ligne ou utilisé lors d'une autre séance pour réexpliquer une notion ;
- en fin de séance, un quiz est un moyen ludique pour observer l'acquisition par les élèves des notions étudiées. Les élèves peuvent venir à tour de rôle au tableau pour sélectionner les réponses de leurs choix. Le TNI permet de travailler autrement au tableau et favorise l'interactivité dans la classe ;
- vous remarquez que des élèves au tableau maîtrisent des items du B2i (▶ fiche 1) ? Profitez-en pour les valider !

Des fonctionnalités supplémentaires bien utiles

Plusieurs constructeurs proposent des outils supplémentaires pour faciliter l'activité au sein de la classe.

L'ardoise sans fil permet de piloter l'ordinateur de n'importe quel coin de la classe. Votre position dans la classe n'est plus la même : vous n'avez plus le dos tourné et vous pouvez donc mieux contrôler l'efficacité de vos élèves durant la séance en restant parmi eux pour écrire au tableau. Autre intérêt : plus besoin de demander systématiquement aux élèves de se déplacer pour intervenir, l'ardoise peut circuler de table en table. Elle permet la participation de tous les élèves au travail commun.

> **EN PRATIQUE**
>
> L'ardoise sans fil peut aider à intégrer les élèves handicapés. Les élèves à mobilité réduite ne se retrouvent plus cantonnés à leur place, sans pouvoir apporter leur participation écrite à la classe. Au contraire, grâce à cet outil, ils seront sollicités comme leurs camarades et se sentiront valorisés.
> Plusieurs périphériques peuvent être installés (le nombre dépend des modèles) pour un emploi en mode multi-utilisateurs.

Certains constructeurs proposent aussi la caméra qui permet d'afficher instantanément les images de n'importe quel objet puis de les transformer en contenu numérique. Cette dernière permet de montrer très facilement à la classe le cahier d'un élève et d'analyser son contenu collectivement.

Cet outil agrandit le champ des interactions entre les élèves et avec les professeurs.

Il existe aussi les boîtiers de vote qui peuvent être exploités pour évaluer différemment vos élèves (▶ fiche 24).

Les tablettes numériques

La tablette PC est une alternative au TNI moins onéreuse. C'est un ordinateur mobile à écran tactile ou sensible à un stylet (plus de souris !) qui se présente :

- soit sous la forme classique avec un écran pivotant et qui se plaque sur le clavier : il devient alors tactile ;
- soit sous la forme d'une ardoise et le clavier est séparé ;
- connecté à un vidéoprojecteur (de préférence en WiFi pour qu'il reste nomade), vous pouvez vous en servir de la même façon qu'un TNI avec un écran plus petit.

Leurs possibilités sont nombreuses : lecture de documents (livres numérisés, présentations, pdf, audio/vidéo), prise de notes, utilisation d'Internet. Ils peuvent constituer un réel support de travail pour les étudiants.

Une opération a été menée en Corrèze pour développer ce produit. Fin 2010, les collégiens de 6e et leurs enseignants ont été équipés par le conseil général d'un i-Pad muni des logiciels éducatifs.

Pour vous équiper, vous devrez faire votre choix parmi les différentes marques ; sachez que toutes les tablettes proposent globalement les mêmes fonctionnalités. Pour plus de détails sur les différentes utilisations possibles, vous pouvez consulter le site *http://tabletpc-education.fr*.

> **BON À SAVOIR**
>
> Vous pouvez également inciter votre chef d'établissement à investir dans une « classe tablet PC » de façon à ce que chaque élève en ait un. Ainsi, lors d'une activité, ils travaillent individuellement et notent à l'encre numérique leurs essais. De votre côté, avec le tablet PC maître et un logiciel de gestion de classe, vous pouvez visualiser l'écran de chacun, ou même prendre son contrôle. Lorsque le temps imparti est écoulé, vous pilotez les différentes tablet PC pour projeter ceux que vous choisissez. Utilisée ainsi, la « classe tablet PC » devient un outil pédagogique précieux.

Si pour l'instant votre établissement n'est équipé ni de tablet PC, ni de TNI, vous pouvez déjà explorer le logiciel Pointofix (*http://www.pointofix.de/*).

À l'aide de la souris de votre ordinateur, vous écrivez, entourez des éléments et vos élèves visualisent l'ensemble sur l'écran ou au tableau. Vous pouvez ensuite enregistrer la production. Sachez qu'une version portable du logiciel peut être enregistrée sur une clé USB et utilisable dès que la clé est connectée à un ordinateur. Dans le même esprit, il existe aussi «Gribouille» (*http://www.spip-contrib.net/Gribouille*). Évidemment, ces logiciels sont plutôt rudimentaires et ne proposent pas le même confort que le TNI.

Dernière trouvaille, le logiciel Uniboard (*http://getuniboard.com/*) qui propose, à l'aide simplement d'un vidéoprojecteur classique, les principales fonctionnalités exploitées par les enseignants avec un TNI. Depuis novembre 2010, le projet est devenu Sankore (*http://www.sankore.org/*) et OpenSource.

Autre idée peu onéreuse, une souris ou un clavier sans fil longue portée qui circule dans la classe, et vos élèves deviennent pour quelques instants les maîtres du vidéoprojecteur, ou adoptez le système gratuit Mouse Mischief de Microsoft : *http://www.microsoft.com/multipoint/mouse-mischief/*.

Voilà donc de nombreux outils très attrayants. Bien entendu, ils ne sont pas indispensables dans une classe, mais ils offrent, par leurs fonctionnalités et leur praticité, un confort pédagogique remarquable. Renseignez-vous sur les animations organisées dans votre académie car avec l'arrivée massive des TNI, de nombreuses formations sont proposées pour une prise en main plus facile.

Fiche 13

Récupérer et traiter des données numériques

Petite remise en forme

L'acquisition et l'analyse de données sont des démarches fréquentes dans plusieurs disciplines, en particulier en sciences. Aujourd'hui, les programmes officiels vous invitent de plus en plus à utiliser l'outil informatique pour mettre en place des expériences. Dans certaines filières, son utilisation est déjà obligatoire.

PRINCIPE DE L'EXAO

En sciences expérimentales, l'EXAO (expérimentation assistée par ordinateur) est un outil qui permet l'acquisition de mesures, notamment lorsque celles-ci sont délicates, voire impossibles à mener manuellement. En effet, comment mesurer précisément toutes les secondes la température d'une eau portée à ébullition ?

Le principe est simple :
- l'élève met en œuvre un protocole expérimental et utilise un capteur pour effectuer les mesures du paramètre étudié (température, intensité…) ;
- le capteur est relié à une interface (appelée aussi console) qui transforme les mesures en données numériques compréhensibles par l'ordinateur ;
- l'ordinateur, équipé d'une carte d'acquisition spécifique à laquelle est reliée l'interface et accompagné des logiciels appropriés, affiche les mesures sous forme de tableaux ou de graphiques.

L'ordinateur est d'abord utilisé pour acquérir des données avant de les exploiter. L'usage de l'EXAO élargit donc son champ d'activités. Elle se pratique essentiellement en sciences physiques, en sciences de la vie et de la Terre et dans les disciplines technologiques. Lors des travaux pratiques, les élèves obtiennent des mesures précises, multiples (en variant les paramètres) dans un laps de temps très court. Ils disposent ainsi de plus de temps pour l'analyse des données et le raisonnement scientifique.

> **EN PRATIQUE**
>
> Côté matériel, vous devez avoir à disposition des ordinateurs, un lot de capteurs (thermomètre, oxymètre, voltmètre, PHmètre, luxmètre…) et le logiciel spécifique. Les fournisseurs les plus connus sont : Jeulin (site Web dédié à l'EXAO : *http://www.exao.fr/*), Pierron (*http://www.pierron.fr*). Si vous êtes néophyte en la matière, vous pouvez consulter les sites Web des fabricants qui proposent des ressources pédagogiques sur le sujet.

Attention tout de même à ne pas limiter les manipulations classiques (prises de mesures manuelles) : à vous de trouver les situations propices à l'usage de l'EXAO. La classe mobile peut être une solution pour faire entrer plus facilement le multimédia dans les laboratoires. Dans le cas où vous ne disposeriez que d'un ordinateur, vous pouvez animer l'expérience devant la classe et projeter les résultats au tableau à l'aide d'un vidéoprojecteur.

> **BON À SAVOIR**
>
> Le plan numérique 2012 prévoit de développer l'équipement en EXAO des établissements scolaires dans le but de commencer à préparer les élèves aux métiers techniques et scientifiques du futur.

UTILISER UN TABLEUR

L'un des objectifs de l'EXAO, outre celui de l'acquisition, est de proposer, au final, un dispositif de traitement et de restitution graphique des mesures. Il s'agit, tout simplement, d'exploiter le principe du tableur. Dans beaucoup de disciplines, le tableur devient un outil essentiel pour traiter des données.

Premiers pas

Avant de commencer, il est nécessaire que vous soyez déjà un petit peu familiarisé avec l'outil. Lorsque vous ouvrez un logiciel de tableur (les plus utilisés aujourd'hui sont Open Office tableur – rebaptisé Libre Office Calc – et Microsoft Excel), vous accédez à un « classeur » composé de plusieurs feuilles. Chaque feuille est en fait un tableau, chaque case du tableau est appelée « cellule » et peut contenir :

- du texte ;
- une valeur numérique ;
- une formule (débutant par le symbole « = »), c'est-à-dire une expression mathématique permettant au tableur d'effectuer automatiquement des calculs (en fonction des valeurs des autres cellules) et d'afficher le résultat. C'est l'un des principaux intérêts du tableur.

EN PRATIQUE

Voici une copie d'écran d'un tableur Open Office.
L'élève dispose de la formule donnant la distance d'arrêt d'un conducteur lucide ou non. Le tableur calcule les valeurs du tableau (*via* la formule). Le graphique est construit à partir de ces résultats.

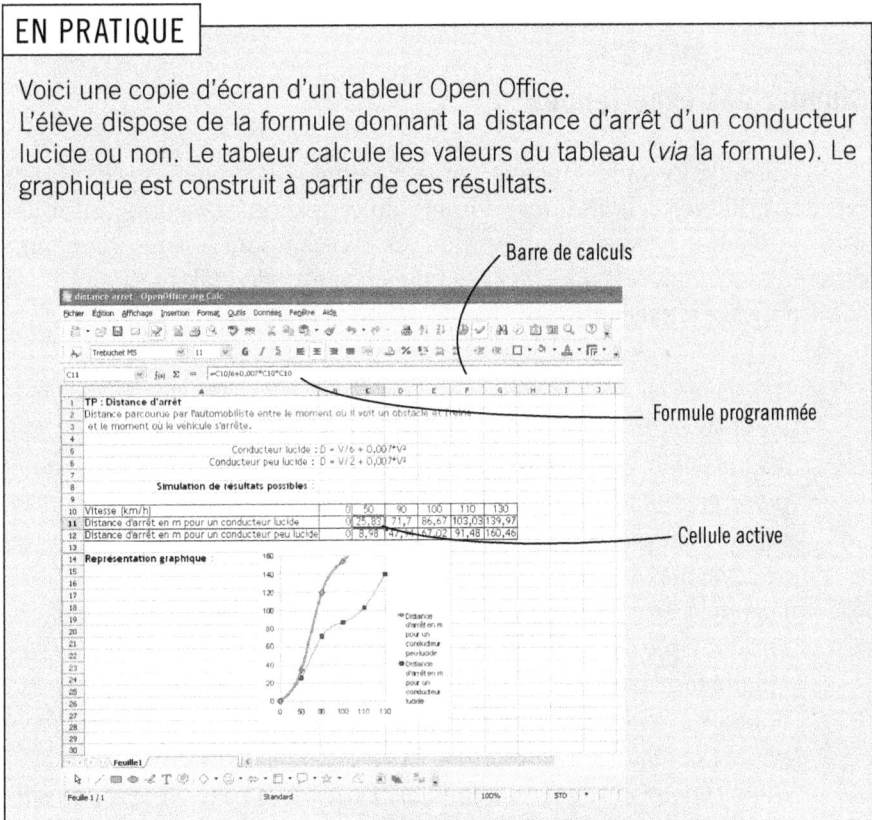

Vous pouvez associer à un tableau de données la représentation graphique de votre choix (diagramme à bâtons, diagramme circulaire…) ce qui permet de faciliter la lecture et l'interprétation des résultats.

Les choix de mise en forme et de présentation sont analogues à ceux proposés avec les traitements de texte.

Les tableurs sont de plus en plus utilisés, en particulier pour simuler et modéliser des problèmes du quotidien (décision à prendre concernant un prêt à la banque par exemple, traitement statistique de données et restitution graphique). Aussi, est-il essentiel de commencer à former vos élèves à leur usage (compétences du brevet informatique et Internet).

> **BON À SAVOIR**
> Les élèves qui ont plus de facilités visuelles vont mieux interpréter des données présentées sous forme d'un graphique que d'un tableau. Acquérir la maîtrise du tableur pour construire des graphiques paraît prioritaire pour ces élèves.

Simuler des expériences

L'utilisation de formules dans un tableur permet de simuler des expériences dans différents domaines : comptabilité, gestion, statistique, probabilités… Cela fait plusieurs années que les élèves y sont formés, bien sûr à différents niveaux selon les filières et les niveaux de classe. Aujourd'hui, la formation s'intensifie.

J'enseigne en lycée professionnel depuis trois ans, et plus particulièrement les mathématiques à des élèves en filière Secrétariat. Les TIC dans les nouveaux baccalauréats professionnels (sur trois ans) ont pris une place bien plus importante. C'est pourquoi, sur les deux heures d'enseignement par semaine, nous avons une heure en demi-classe, ce qui nous permet d'utiliser l'outil informatique hebdomadairement.

L'examen, en contrôle continu, doit comporter une évaluation sur l'outil informatique à hauteur de 3 points sur 10. Beaucoup de calculs ne sont maintenant plus exigibles sur papier mais les résultats doivent être obtenus à l'aide d'un logiciel ou d'une calculatrice, ce qui se rapproche plus de la réalité en entreprise.

Dans chaque partie du programme, l'intégration des TIC est une obligation de formation, de façon à développer des compétences chez nos élèves, qui ne sont pas des compétences d'utilisation des logiciels, mais plutôt d'utilisation d'outils pour favoriser l'expérimentation et la réflexion.

En probabilités, nous nous sommes posés la question suivante : "De quel côté tombe la tartine de confiture ?" et avons cherché un moyen simple de faire l'expérience. Les élèves ont pensé que le principe était le même en lançant une pièce et en observant de quel côté celle-ci tombe. Ils ont d'abord compté manuellement le nombre d'apparition du "pile" et du "face" lors du lancer d'une pièce sur un échantillon de taille 50. Ensuite, ils ont calculé la fréquence d'apparition du "pile" et du "face", et constaté en comparant avec leurs voisins qu'ils n'avaient pas les mêmes résultats, ce qui les a beaucoup surpris. Puis ils ont regroupé leurs résultats avec trois voisins, ce qui était équivalent à deux cents lancers, et recalculé les fréquences d'apparition du "pile" et du "face". Puis nous avons regroupé les résultats de tous les élèves de la classe et recalculé encore les fréquences correspondantes. Ils ont alors constaté que plus les lancers sont nombreux, plus la fréquence d'apparition tend vers 50 %, qui correspond alors à une probabilité, ce qui nous a permis d'aborder cette notion. Pour vérifier notre hypothèse des 50 %, ils ont refait la même expérience mais sur un plus gros échantillon avec l'aide d'un tableur (fonction "aléa" adaptée). Ainsi, ont-ils pu constater la puissance de l'outil et voir que sur un grand nombre de lancers, on se rapproche d'une probabilité de 50 % et qu'ils avaient tous, à ce moment-là, le même résultat. Ils ont pu alors conclure sur leur problématique initiale. L'objectif était de leur montrer que le hasard suit des lois.

J'ai pu constater que les élèves sont beaucoup plus motivés dès lors qu'ils sont sur les postes informatiques. Ceci est probablement dû au fait que l'utilisation d'un ordinateur prend une part importante dans leur formation de secrétaire. La phase d'interprétation est plus délicate du fait qu'ils ne comprennent pas forcément comment le logiciel a procédé et ce que leurs résultats signifient. Ce travail prend alors un temps considérable et indispensable."

Sophie, professeur de maths-physique dans un lycée professionnel

En plus de répondre aux exigences du programme de sa matière, l'utilisation du tableur comme de l'EXAO permet aux élèves de développer des compétences du B2i (▶ fiche 1).

Les métiers d'aujourd'hui demandent de plus en plus une bonne maîtrise de l'outil informatique. Vos élèves doivent s'y préparer... Alors n'hésitez pas à multiplier les activités adéquates pour les former !

Fiche 14

Gérer une application Web

Vive l'administration

Aujourd'hui, de plus en plus d'établissements scolaires possèdent leur propre site Internet. Plus qu'une tendance, il s'agit de partager des ressources pédagogiques, de permettre de faire connaître son établissement ou de favoriser l'échange entre vos élèves. Vous souhaitez, vous aussi, mettre en place un dispositif personnel (site Web, blog, wiki...) pour rendre vos cours plus interactifs ? Avant toute chose, gérer une application Web exige un minimum de connaissances.

CHOISIR SON APPLICATION

Selon vos compétences informatiques, votre motivation, votre disponibilité et votre expérience, vous vous limiterez au statut d'auteur qui diffuse des informations sur le site de votre établissement ou vous serez le propre administrateur de votre outil. Dans ce cas, vous créerez votre application sur Internet.

CMS, wiki ou blog ?

L'aspect pédagogique doit être le premier élément pour orienter votre choix. En fonction de votre projet, vous vous dirigerez plutôt vers une application wiki, un blog ou un système CMS pour gérer votre site Internet :
- les systèmes de gestion de contenu (en anglais CMS : *Content Management System*) sont des logiciels permettant la création et la mise à jour d'un site Internet sans connaissances techniques particulières, ils facilitent donc le travail du Webmaster ;
- un wiki (de l'hawaïen *wikiwiki*, qui signifie « rapide ») est un site interactif et multimédia dont la priorité est accordée à la co-construction des connaissances plutôt qu'à l'apparence ;

- un blog (Weblog ou carnet Web) est un site Web structuré de façon chronologique et actualisé périodiquement. Il s'appuie sur une technologie de type CMS.

Quel que soit votre choix d'outil, l'offre est multiple et très variée mais il n'existe pas de « produit miracle ». Par conséquent, pour faire au mieux votre choix, prenez en compte les points suivants :

- L'interface d'administration semble-t-elle conviviale et simple à utiliser ?
- Existe-t-il des modules permettant d'ajouter des applications (forum, sondage…) ?
- Le site de la communauté paraît-il dynamique, réactif, apporte-t-il de l'aide, des conseils ?
- Pouvez-vous garder une certaine souplesse quant à la gestion du dispositif ?

Où le trouver ?

Il existe énormément d'applications disponibles sur le Net. Chacune possède des fonctionnalités basiques d'édition (gras, italique, tabulation…) auxquelles vous pouvez ajouter des modules suivant vos besoins. Parmi les CMS les plus reconnus, il existe en particulier Drupal (*http://drupalfr.org/*), Joomla (*http://www.joomla.fr/*), Typo 3 (*http://www.typo3.fr/*), eZ Publish (*http://ez.no/fr/*) ou Wordpress (*http://www.wordpress-fr.net/*). Cela évolue très vite. Pour vous guider dans votre choix, n'hésitez pas à solliciter à nouveau la personne-ressource en informatique de votre établissement, ou un collègue qui pratique déjà, pour une petite séance d'initiation !

Pour vous aider à faire le bon choix, consultez des sites et repérez ceux qui vous plaisent (aspect, navigation, outils…). Identifiez alors l'application Web, dans les informations de bas de page, qui permet sa réalisation.

ASPECT TECHNIQUE

Le développement du Web a fait apparaître avec lui un nombre impressionnant d'outils de communication et de collaboration. Après avoir fait le point sur les dispositifs et trouvé celui qui semble le plus adapté à vos besoins pédagogiques, il vous faut installer votre application.

Un espace personnel sur le Web

Pour installer votre application en ligne, il faut posséder un espace de stockage sur le Web pouvant accueillir votre logiciel. Votre établissement en dispose probablement, et vous pouvez demander l'autorisation d'ajouter votre module sur cet espace. Si vous souhaitez, au contraire, garder votre indépendance et monter votre projet personnel, deux démarches simultanées sont à effectuer : acheter un nom de domaine et une formule d'hébergement.

> **BON À SAVOIR**
>
> Un nom de domaine sert à identifier un site sur le Web, il se compose de 3 parties :
> D'abord « www » (*World Wide Web*), il s'agit d'une convention qui n'est pas obligatoire. Ensuite le nom de domaine que vous pouvez choisir librement à condition qu'il ne soit pas déjà réservé. Enfin, l'extension : par pays « .fr » (France), « .be » (Belgique)… ou internationale « .com », « .net », « .info », « .org »…
> L'AFNIC (Association française pour le nommage Internet en coopération) et l'INTERNIC (Internet's Network Information Center) sont habilités à commercialiser des noms de domaine.

Cet espace peut simplement s'acquérir chez un hébergeur (qui joue un rôle d'intermédiaire entre vous et l'AFNIC ou INTERNIC). Vous achetez un nom de domaine disponible et vous choisissez en même temps l'offre d'hébergement adaptée à vos besoins. Tout comme pour le choix des applications, il faut se méfier de tout ce que vous pouvez lire sur le Web. Voici donc quelques critères à prendre en compte avant de faire votre choix :

- choisir un hébergeur sans publicités, car parfois elles sont insérées automatiquement. Elles peuvent gêner la navigation et être contraires à l'esprit pédagogique de votre site ;
- tenir compte de la taille de l'espace disque proposé : il doit être suffisant pour supporter tous vos documents, en particulier si vous allez gérer des fichiers multimédia volumineux ;
- penser à choisir une offre qui propose une base de données dans son forfait. La plupart des applications Web que vous installerez par la suite en exigeront une ;
- prendre en compte la bande passante (débit d'une connexion) ; elle dépendra du contenu de votre site (images, animations flash…) et du

nombre de visiteurs. Vous pouvez trouver des sites en ligne qui en font une estimation en fonction des besoins que vous annoncez (par exemple : *http://www.binghost.com/bande-passante.php*).

> **BON À SAVOIR**
>
> Un site est dit dynamique lorsque les modifications des pages se font en temps réel, comme la mise à jour d'une brève, la publication d'un article, l'affichage du prénom d'un membre qui se connecte... Dans ce cas, vous utilisez le langage PHP (*Personal Home Page Tools*) qui va envoyer des requêtes à votre base de données afin d'obtenir l'information recherchée. Ensuite, les navigateurs retranscrivent la page (sous la forme que vous avez déterminée) à l'aide d'un code standard : le code html (*HyperText Markup Language*) ou xhtml (version évoluée). Sachez que vous pouvez observer ce langage en sélectionnant « afficher le code source » par un clic droit à la souris.

> **EN PRATIQUE**
>
> De nombreux services proposent des hébergements (par exemple, OVH (*http://www.ovh.com/fr*), Online (*http://www.online.net/*), etc. Cependant, soyez vigilants par rapport à ce que vous pouvez trouver sur le Net. Généralement, il est préférable de se tourner vers une offre payante. Elle garantit souvent une qualité de prestation (bande passante, dépannage, etc.). Lorsqu'un site Web partage les ressources d'un serveur avec d'autres sites Web, on parle d'hébergement mutualisé. *A priori*, ce type d'hébergement, peu onéreux, devrait être suffisant pour votre projet.

Installation

Du point de vue technique, l'installation de ces outils ne pose pas de problèmes majeurs. Après avoir téléchargé le code complet de votre application, il suffit de le transférer sur votre espace par FTP (*File Transfer Protocol*) et votre application est opérationnelle. Il vous reste à lancer votre application en ligne et à enregistrer les paramètres demandés (en particulier concernant l'hébergement et la base de données).

Si besoin, vous pouvez solliciter la compétence et l'autorisation de la personne-ressource en informatique de votre établissement pour qu'elle puisse installer le programme informatique.

> **EN PRATIQUE**
>
> Filezilla (*http://www.filezilla.fr*) est un logiciel FTP très simple d'utilisation et gratuit qui permet de se connecter à distance sur un serveur pour y télécharger des fichiers. Une fois connecté, il suffit de déplacer avec la souris les fichiers du site local (votre ordinateur) vers le site distant (votre serveur d'hébergement). Vous pouvez alors agir sur votre site de chez vous.
>
>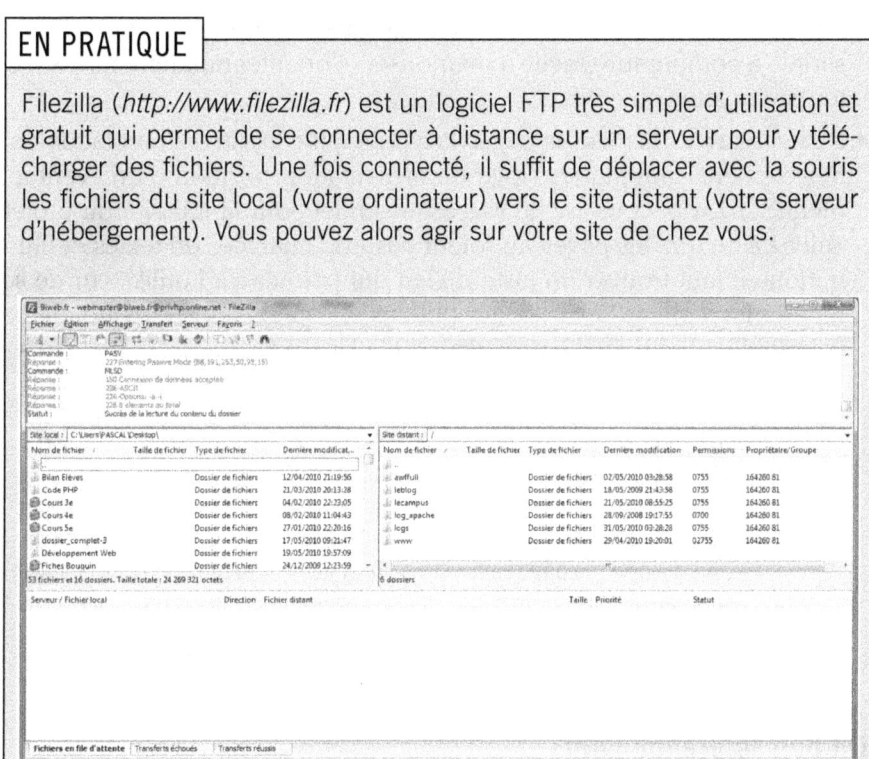

ADMINISTRATION DE L'APPLICATION

Pour configurer et gérer votre application, vous accédez à une interface de gestion (privée) en ligne depuis n'importe quel poste connecté à Internet. Généralement, vous vous identifiez (avec un login et un mot de passe) pour utiliser l'interface et rédiger, corriger, modifier librement des articles.

Configuration du site

Maintenant que vous avez ciblé l'objectif de votre site, il reste deux éléments essentiels à définir avant de vous lancer dans l'aventure :
- la structure du site : répartition de l'information dans les diverses pages, gestion des liens entre celles-ci – il faut penser aux déplacements de

l'internaute à l'intérieur du site. La navigation entre les pages doit être simple à comprendre, facile à mémoriser et orienter rapidement vos lecteurs vers leurs objectifs ;
- l'aspect du site : la mise en pages, la typographie, les titres, l'emplacement des éléments graphiques (logo de présentation, position d'un éventuel menu…). L'aspect visuel du site est essentiel pour la réussite du projet. Veillez à ce que les pages ne soient pas trop chargées en textes et illustrations, il faut trouver un juste milieu qui permette à l'utilisateur de se repérer facilement. Le choix des polices et couleurs doit être judicieux : votre objectif principal à ce niveau est la lisibilité.

> **BON À SAVOIR**
>
> Le CSS (*Cascading Style Sheets*) est un langage informatique qui sert à décrire la présentation des documents sur le Web. L'un de ses objectifs est de permettre la mise en forme hors des documents. Cette séparation vous permet notamment d'être plus efficace puisque, dans un premier temps, vous concevez la page sans vous soucier de la présentation, et de changer plus facilement de présentation, de réduire la complexité du code html puisqu'il ne contient plus de balises ni d'attributs de présentation.

Un bon référencement

Si vous souhaitez que votre site soit connu, il faut que vous vous occupiez de son référencement. Référencer un site consiste à fournir aux moteurs de recherche des informations (contenu, mots-clés…) qui sont enregistrées dans leurs bases de données respectives. De cette façon, si dans sa requête, un internaute formule l'un des mots-clés que vous avez donnés, un lien vers votre site lui sera proposé.

Il existe plusieurs solutions pour référencer son site, voici deux possibilités :

- vous pouvez vous inscrire vous-même sur les moteurs de recherche de votre choix : par exemple, Yahoo (*http://fr.siteexplorer.search.yahoo.com/free/submit*) et Google (*http://www.google.fr/addurl/*). Une fois l'enregistrement effectué, vous devrez patienter pour que les robots explorent votre site et mettent à jour leur base ;
- vous pouvez aussi insérer des informations dans votre code html (les balises metatags) que les moteurs de recherche utilisent pour mieux référencer les sites. Si vous débutez, cette manipulation est plus compliquée car elle nécessite quelques connaissances en langage html.

Obligations légales

Vous voici maintenant bien au courant des différentes étapes pour la conception d'un site personnel. Attention à vous comporter tel un Webmaster averti.

La loi pour la confiance dans l'économie numérique (21 juin 2004) précise que des mentions légales doivent figurer sur un site Internet. Il s'agit d'abord de rassurer l'internaute et de gagner en crédibilité en lui indiquant les responsables du site à savoir le responsable éditorial, les coordonnées de l'hébergeur et le nom du Webmaster. Si votre site collecte des données personnelles (lettre d'information, formulaire de correspondance avec des champs obligatoires ou non à saisir, statistiques de connexion), la loi Informatiques et Liberté impose de faire une déclaration auprès de la CNIL. Ainsi, vous devrez dans ce cas indiquer le numéro certifiant votre inscription à la CNIL.

Enfin, la question du droit d'auteur se pose (▶ fiche 5). Pour prévenir les utilisateurs, vous pouvez ajouter aux mentions légales un petit paragraphe sur le Code de la propriété intellectuelle qui prévoit que toute représentation intégrale ou partielle faite sans le consentement de l'auteur est illicite. De cette façon, vous protégez le contenu de votre site (logo, texte, images…).

Vous passez du temps sur le Web pour communiquer et rechercher des informations, franchissez l'étape suivante en vous lançant dans la création ou la gestion de votre propre application Internet !

Fiche 15

Exploiter les possibilités de sa messagerie

C'est dans la boîte !

Se concerter, échanger des informations, confronter ses idées devient une tâche nécessaire du métier d'enseignant. Mais les obstacles sont nombreux : disponibilité de chacun, difficulté pratique. La messagerie électronique peut être vue comme une solution. Son utilisation est devenue une pratique quotidienne pour beaucoup de personnes mais peu sont capables d'exploiter réellement toutes ses possibilités. Voici l'objectif : mieux connaître le fonctionnement de sa messagerie pour l'utiliser plus efficacement.

COMPRENDRE LA MESSAGERIE ÉLECTRONIQUE

Échanges d'e-mails

La messagerie électronique est une application qui s'appuie essentiellement sur des serveurs de messagerie. Les échanges de courrier électronique reposent sur une série de protocoles de communication destinés à envoyer ses messages, de serveur à serveur, à travers Internet.

Pour consulter vos courriers électroniques, vous avez deux possibilités :

- utiliser un Webmail : vous vous connectez au site de votre compte de messagerie (orange, yahoo, hotmail, gmail...) grâce à votre navigateur Web. Après identification, vous accédez à vos courriels depuis n'importe quel ordinateur. Tous les e-mails (anciens et nouveaux) sont stockés dans votre boîte ;

- utiliser un client de messagerie : vous installez sur votre ordinateur un logiciel (par exemple, Microsoft Outlook ou Mozilla Thunderbird) et vous le configurez pour qu'il se connecte automatiquement à votre serveur de messagerie. L'ensemble des messages est stocké sur l'espace de votre disque dur. Les nouveaux messages sont téléchargés dès que vous vous connectez et sont alors automatiquement effacés de votre Webmail. Mais, vous pouvez paramétrer votre compte de messagerie pour qu'ils soient conservés pendant un certain temps ce qui vous permet de récupérer sur votre Webmail des messages effacés par mégarde.

EN PRATIQUE

Pour les débutants, l'utilisation d'un Webmail est plus simple. Le client de messagerie propose davantage d'options et nécessite d'être configuré (paramètres du serveur de messagerie choisi), ce qui peut être compliqué au démarrage !

BON À SAVOIR

Attention, si vous utilisez l'adresse fournie par votre FAI, vous avez intérêt à opter pour l'installation d'un client de messagerie. Vous vous mettez ainsi à l'abri de la perte de toutes vos données (messages, liste de contacts...) le jour où vous changez de FAI.

Pour envoyer un e-mail, la procédure est très simple : vous écrivez votre message, précisez l'adresse du destinataire (le champ « Cci » « copie conforme invisible » permet d'envoyer l'e-mail à d'autres utilisateurs qui ignoreront qui l'a reçu) et éventuellement, vous ajoutez :
- l'objet du message ;
- des pièces jointes : documents attachés à votre message (exemple : images, documents texte) dont vous spécifiez l'emplacement sur votre disque dur. Attention à restreindre leur volume pour éviter tout problème d'envoi ou de réception ;
- une signature, option proposée par le logiciel que vous configurez à votre guise. Elle permet de terminer (ou non) chaque e-mail par le message de votre choix.

Chacun son adresse

Toute personne qui dispose d'une boîte e-mail a une adresse électronique personnelle qui permet aux serveurs de messagerie et aux logiciels de gestion de messagerie de coordonner tous les transferts d'informations.

Pour les échanges professionnels ou la diffusion à vos élèves, créez-vous une adresse distincte de votre adresse personnelle.

Une adresse de messagerie électronique se compose de trois éléments :
- à gauche, l'utilisateur du compte e-mail (par exemple « dupontjean ») ou le nom du service utilisant le compte e-mail (par exemple « cddp92 » pour le centre départemental de documentation pédagogique des Hauts-de-Seine) ;
- à droite, le fournisseur du service de messagerie (par exemple : « orange.fr » ou « hotmail.fr » ou « ac-rennes.fr ») ;
- au milieu l'arobase (@) sert de séparateur.

Les FAI offrent avec leur contrat une messagerie électronique. De nombreux sites proposent aussi la création d'une adresse. Les plus populaires en ce moment sont yahoo, hotmail et surtout Gmail qui proposent une interface très populaire et toujours innovante ainsi que beaucoup de services et de fonctionnalités (par exemple annuler l'envoi pendant les cinq secondes qui suivent le clic, tagguer les messages par importance).

> **BON À SAVOIR**
>
> En tant qu'enseignant, vous bénéficiez d'une messagerie professionnelle mise en place par votre académie du type *prenom.nom@ac-....fr*. Si besoin, renseignez-vous au secrétariat de votre établissement ou sur le site Internet de votre académie (*www.ac-....fr*). À cette adresse, vous recevez des messages du ministère et de l'académie qui vous tiennent au courant des nouvelles mesures. Si vous possédez déjà une boîte e-mail privée, la messagerie académique vous permet de ne pas mélanger les e-mails à caractère personnel et ceux à caractère professionnel.

> **EN PRATIQUE**
>
> Si, dans le cadre d'un projet avec la classe, vous ou vos élèves avez besoin d'une messagerie électronique, vous pouvez utiliser un service de La Poste (*www.education.laposte.net/*). Un accord entre La Poste et l'Éducation nationale a été établi en particulier pour protéger l'utilisateur de toute forme de publicité. N'hésitez donc pas à conseiller le site à vos élèves !

BIEN UTILISER SA MESSAGERIE

Carnet et dossier

Les logiciels de messagerie offrent des options qui vous permettent de mieux vous organiser. Pour éviter de taper systématiquement l'adresse de vos destinataires, vous avez peut-être déjà pensé à créer votre carnet d'adresses. De cette façon, vous n'avez qu'à saisir les premières lettres du nom recherché ou le sélectionner dans la liste de vos contacts.

> **BON À SAVOIR**
> À l'intérieur du carnet d'adresses, vous pouvez créer des catégories ou des groupes (« copains d'enfance », « famille »...). Le nombre d'adresses peut vite se multiplier aussi cette classification vous aidera-t-elle à mieux vous y retrouver. Autre point pratique : si vous souhaitez envoyer le même e-mail à l'ensemble des personnes d'un groupe, inutile d'entrer chaque adresse, il suffit de rentrer le nom du groupe.

Sachez que vous pouvez créer des dossiers et des sous-dossiers (de la même façon que sur votre espace personnel sur votre disque dur) pour ranger vos e-mails par thèmes. Les messages peuvent être très facilement déplacés d'un dossier à l'autre.

Si vous avez reçu un message que vous devez garder en mémoire pour y répondre ultérieurement, vous avez la possibilité de le marquer comme « non lu ». Pour retrouver un e-mail, l'option Rechercher (par mot-clé ou date) peut aussi vous aider. Pour ordonner vos messages selon l'expéditeur, l'objet ou la date, vous pouvez aussi cliquer sur l'en-tête des colonnes correspondantes.

L'envoi d'une réponse automatique à un expéditeur est aussi une option intéressante lorsque vous êtes en vacances. Cela vous permet de signaler à l'expéditeur que vous n'aurez pas connaissance du message avant telle date.

> **EN PRATIQUE**
> L'envoi d'e-mails est très intéressant pour communiquer facilement et rapidement. Cependant, si les e-mails provenant d'une personne sont très nombreux, il devient difficile de suivre les contenus et donc de s'organiser. Veillez donc à privilégier la qualité plutôt que la quantité !

Quelques précautions d'usage

Pour éviter la propagation de messages indésirables (appelés «spam», messages non sollicités qui peuvent être de diverses natures, comme la publicité ou des jeux avec lots alléchants) dans votre boîte, voire même l'arrivée de virus (▶ fiche n° 6), quelques indications sont à prendre en considération :

- avoir un antivirus à jour et actif, sur lequel vous avez vérifié que l'option «scanner tous les messages entrant et sortant» est activée ;
- éviter de lire des messages douteux (destinataire non identifié, nature de l'objet suspecte) et opter pour leur suppression sans lecture ;
- éviter d'ouvrir une pièce jointe si l'expéditeur ou le contenu ne vous semblent pas fiables. Attention, même un message envoyé par l'un de vos contacts peut contenir un virus ;
- créer des filtres, c'est-à-dire que vous définissez des règles particulières qui impliquent le déplacement de messages vérifiant un critère choisi vers un dossier ou la corbeille ;
- si vous êtes plusieurs à utiliser le service de messagerie de votre fournisseur d'accès, ne pas hésiter à créer des comptes supplémentaires ;
- faire attention à qui vous communiquez votre adresse, en particulier en remplissant des formulaires à remplir sur certains sites, car certains d'entre eux ne se gênent pas pour transmettre votre adresse à d'autres organismes sans votre consentement ;
- créer une ou plusieurs adresses secondaires, notamment pour les inscriptions sur des sites Web.

BON À SAVOIR
Si vous désirez vous inscrire sur un site mais que vous redoutez l'arrivée massive de publicités et autre pollution sur votre boîte e-mail, sachez qu'il existe des « adresses mail bidon » (par exemple : *www.yopmail.com*). Aucune information ne vous sera demandée, vous créez une adresse en un clic sans mot de passe. Vous devez donc avoir conscience que cette boîte n'est pas du tout protégée et que n'importe qui peut la consulter. D'un autre côté, si vous êtes Webmaster, méfiez-vous des enregistrements douteux de cette nature !

Si vous possédez plusieurs boîtes e-mail, vous pouvez aussi faire le choix de rediriger les courriels obtenus sur l'une d'entre elles vers une autre. Pour cela, il suffit de paramétrer votre Webmail en conséquence. Ceci vous permet d'accéder à l'ensemble de vos e-mails *via* un seul compte. Votre adresse de référence n'est finalement pas divulguée et, en gérant les transferts à votre guise, vous mettez votre boîte privilégiée à l'abri d'arrivée intempestive de messages.

INTÉRÊTS PÉDAGOGIQUES

Une communication renforcée

L'utilisation efficace de l'e-mail au sein d'un groupe d'acteurs est souvent suffisante pour garantir une bonne circulation de l'information, une bonne coordination de l'équipe et une bonne diffusion des résultats d'un groupe de travail. C'est également un outil intéressant pour renforcer les échanges avec les élèves (▶ fiche 19).

> *L'établissement scolaire dont j'ai la responsabilité a la particularité d'être implanté sur deux sites géographiques. Les enseignants naviguent entre les deux lieux, ainsi que le chef d'établissement. Comment, dans ce contexte, animer une équipe et aller à la rencontre des personnels ? Je me suis très vite rendue à l'évidence que la communication devait passer par l'outil informatique. J'ai, par conséquent, incité les enseignants à utiliser leur adresse de messagerie pour récupérer toutes les informations que j'avais besoin de leur transmettre (documents administratifs, informations relatives à la vie de l'établissement, calendrier, etc.). J'ai pu constater que certains collègues, frileux dans un premier temps, se sont laissé convaincre des avantages qu'ils pouvaient y trouver : informations disponibles depuis leur domicile, réponse rapide à une demande particulière, diffusion plus rapide de l'information."*

Sylvie, chef d'établissement en collège

Listes de discussion

Celles-ci augmentent les potentialités de l'e-mail sans toutefois changer son principe. Un logiciel (appelé gestionnaire de liste de diffusion) est chargé de distribuer les messages destinés à tous les abonnés de la liste. Il suffit de posséder un e-mail pour s'abonner à cette liste. Dès que son inscription est effective, tout abonné reçoit tous les messages diffusés. Un abonné qui reçoit un message de la liste peut, soit répondre à l'expéditeur seul, soit à la liste dans son ensemble.

Tous les messages émis sont pris en charge automatiquement par l'application. À la différence des groupes de discussion, il n'est pas nécessaire de se rendre sur un site pour consulter les dernières contributions. Elles sont directement consultables dans votre boîte de réception d'e-mails. Il est possible à tout moment de se désinscrire d'une liste de diffusion.

Avant de vous lancer dans l'aventure, il est nécessaire de bien connaître les différents modes de gestion de vos listes. Choisir les bons paramètres dès le départ, vous évitera quelques surprises :

- votre liste de diffusion peut être modérée. Sans modération, un message envoyé par un membre de la liste est adressé aux autres abonnés sans contrôle. Dans le cas contraire, les messages envoyés à la liste sont mis en attente pour être validés par un modérateur qui juge de l'opportunité de leur diffusion. Certains logiciels permettent des situations mixtes. Certaines listes peuvent être non modérées pour tous leurs abonnés et modérées pour les messages envoyés par les non-abonnés ;
- une liste peut être ouverte. Aucune condition pour s'inscrire sur la liste n'est exigée, il suffit d'envoyer un message de demande d'inscription pour être abonné. Si vous souhaitez limiter ou valider l'inscription d'un membre, votre liste est fermée ;
- votre liste est dite publique lorsque ses archives sont consultables par toute personne (même non abonnée). Dans le cas d'une liste privée, il n'existe pas d'archives publiques, seuls les abonnés peuvent avoir accès à l'historique de vos messages.

Votre métier au quotidien exige de plus en plus un maximum d'échange et de travail en équipe. À présent, vous connaissez mieux toutes les fonctionnalités de la messagerie. Alors, n'attendez plus. Utilisez à bon escient toutes ses options et devenez un as des courriers électroniques !

Fiche 16

Utiliser un environnement numérique de travail
La conquête de l'espace

L'introduction des environnements numériques de travail (ENT) dans les établissements secondaires et supérieurs tend à se généraliser. Impulsée par le ministère de l'Éducation nationale et dans la continuité de l'opération « cartables électroniques », cette initiative est motivée par une volonté de moderniser le système éducatif et de le rendre accessible à tous ses acteurs. Rouage essentiel du dispositif, vous vous devez d'exploiter au mieux ce nouvel outil.

UN PORTAIL UNIQUE

Un ENT est un portail, accessible par Internet, qui rassemble l'ensemble des services numériques adaptés aux catégories d'utilisateurs (enseignant, élève, personnel de l'établissement, parent…). Il offre un point d'entrée unique à un espace personnalisé, avec un seul mot de passe. Depuis cet espace personnel, l'utilisateur a un accès simplifié à ses propres services en ligne.

Un intérêt pour tous

Tous les acteurs de l'établissement peuvent donc s'identifier et ainsi consulter les informations qui leur sont accessibles et bénéficier des outils disponibles. Ce portail ne se limite plus à un usage simple entre enseignants et élèves, mais au contraire, permet, par exemple, aux parents de s'informer sur la vie de l'établissement, de suivre la scolarité de leurs enfants, d'échanger…
Chaque membre de l'équipe éducative de votre établissement dispose aussi d'outils lui permettant d'assurer ses propres missions: diffusion

d'informations, planification de réunions, gestion des notes et des absences, gestion des ressources (salles, matériel...), diffusion des emplois du temps, publication de documents (notes, règlement intérieur...), suivi pédagogique (cahier de textes). Des administrateurs peuvent accéder aux fonctionnalités de gestion de l'ENT : gestion des comptes utilisateurs, des matières, constitution de groupes de travail, etc.

Contrairement à la sphère Web publique, l'espace de travail de votre établissement est bien délimité par une gestion rigoureuse des accès et des espaces. Les travaux réalisés par un groupe ou une classe restent donc des travaux d'élèves consultables uniquement par les personnes autorisées, évitant ainsi la diffusion sur le Web de ces documents de travail, parfois incomplets ou provisoires.

> **BON À SAVOIR**
> Un autre point essentiel des **ENT** est la dématérialisation qui permet un gain de temps considérable. Convocation aux réunions, gestion des remplacements, communications instantanées contribuent à l'efficience de l'information, à l'harmonie des relations, au confort des personnels. Une utilisation rationnelle permet d'atteindre le seuil « zéro » papier.

Une volonté institutionnelle

Pour mener à bien le déploiement des ENT, le ministère mène une politique volontariste. Aux partenaires, État, Régions et autres collectivités territoriales de se partager le financement des différents services offerts et des actions d'accompagnement nécessaires.

Les universités ont déjà franchi le pas et disposent d'environnements opérationnels. De nombreuses académies ont aussi mis en place leur ENT ou sont entrées dans la démarche d'expérimentation. Dès lors, un cahier des charges proposé aux établissements candidats fixe les engagements de chacun en termes de formation, d'accompagnement, d'usages et d'évaluation. Un dispositif d'accompagnement peut être également mis en place.

> **BON À SAVOIR**
> Le « Schéma directeur des espaces numériques de travail » du ministère présente la définition d'un ENT : les documents de référence, les enjeux, les facteurs de réussite, les objectifs, les fonctions et usages, l'accessibilité, la qualité de services des ENT, les recommandations technologiques et les impacts organisationnels dans l'enseignement primaire, secondaire et supérieur. Ce rapport est destiné à devenir un instrument de dialogue entre l'Éducation nationale et ses partenaires (*http://www.educnet.education.fr/services/ent/*).

UN ESPACE PÉDAGOGIQUE

Que votre établissement soit dans le supérieur ou dans le secondaire, les outils de base de l'ENT restent les mêmes. Il rassemble, assemble des services permettant aux usagers de s'informer, produire des informations, consulter des ressources, organiser leur travail, communiquer, travailler seul ou en groupe, apprendre. Selon la configuration de l'ENT, votre établissement peut choisir les modules qu'il souhaite exploiter en priorité et intégrer des services supplémentaires au fur et à mesure de son développement et de l'évolution des pratiques. Petite revue rapide des outils disponibles.

Partage et stockage de fichiers

Vos documents et ceux produits par vos élèves peuvent être stockés dans l'ENT. Tous les formats de fichiers sont exploitables : un compte rendu, un diaporama, un enregistrement sonore, une production vidéo. Ils sont ainsi disponibles dans et en dehors de la classe, permettant de poursuivre un travail et une réflexion chez soi. La mutualisation de toutes ces ressources donne la possibilité aux équipes de travailler avec des documents communs, assurant ainsi une bonne cohérence et un meilleur suivi.

De plus, ces documents partagés facilitent l'intégration des remplaçants ou des professeurs intervenant sur plusieurs établissements.

> **BON À SAVOIR**
>
> Si votre établissement ne dispose pas encore d'un ENT, mais que le concept de plate-forme pédagogique vous intéresse, sachez qu'il existe des outils performants permettant de gérer une telle structure. L'installation s'effectue comme tout site Internet (▶ fiche 14). Cela peut être une étape utile et expérimentale pour vous familiariser avec cet outil puis éventuellement former l'équipe pédagogique. Les plus connues : Moodle (*http://moodle.org/*), Claroline (*http://www.claroline.net/*), Dokéos (*http://www.dokeos.com/fr*). Elles permettent notamment de créer des cours à distance (▶ fiche 17). N'hésitez pas à demander de l'aide et des conseils auprès de la cellule TICE de votre académie.

Utilisation des ressources en ligne

Sur votre recommandation, votre établissement peut souscrire à des abonnements pour consulter des dictionnaires, des encyclopédies ou des vidéothèques en ligne. Dans un souci d'accessibilité à tous, cela permet d'offrir à vos élèves une source documentaire fiable, variée et immédiatement exploitable en classe ou en dehors. Vous pouvez y faire référence lors de séances de cours, évitant ainsi à vos élèves les recherches sur Internet.

Forums

Le forum est un outil interactif qui permet d'organiser des échanges. Il se présente simplement sous la forme d'une succession de messages. Vous pouvez créer et gérer plusieurs forums, chaque forum correspondant à des sujets (questions, thèmes, idées) auxquels vos élèves peuvent répondre. Pour les interroger, faire émerger leurs connaissances et représentations avant d'aborder une nouvelle séquence ou pour développer l'argumentation des élèves à travers des débats ; cet outil est déjà familier de vos élèves et son exploitation pédagogique est simple.

Édition en ligne

Il existe également des outils de travail collaboratif. Il ne s'agit plus d'un simple espace de stockage de documents mais d'une application en ligne qui permet la construction collective de contenus. Cela peut se matérialiser sous la forme d'un blog rassemblant les réactions des élèves suite à l'étude d'une œuvre ou d'un wiki qui synthétise le travail d'un groupe sur un sujet d'étude.

Cahier de textes

L'utilisation du cahier de textes en ligne favorise le suivi du travail des élèves (▶ fiche 18) : plus d'oublis et une consultation simple et rapide. Vous pouvez saisir régulièrement vos consignes, donner des conseils supplémentaires, faire des liens avec votre cours. Cela exige certes de l'organisation, mais, au final, tout le monde reçoit la même information précise.

Messagerie

Cet outil est souvent très apprécié car très réactif. Il permet de transmettre rapidement une information, en particulier, lorsque vous rencontrez des difficultés de communication avec quelques élèves. Il permet aussi d'échanger parfois avec des parents qui ne fréquentent pas très régulièrement les réunions parents/professeurs.

VERS UNE NOUVELLE DYNAMIQUE

Ce nouveau contexte de travail va sensiblement modifier votre position d'enseignant mais également le climat relationnel et le travail des élèves de votre classe.

Un enseignement de proximité

Contrairement à ce que l'on pourrait croire, l'utilisation de l'espace de travail ne va pas mettre de la distance entre vous et vos élèves, mais être un moyen d'être encore plus proche et à leur écoute.

Lorsque vous consultez un document de l'ENT avec vos élèves ou que vous animez un travail collaboratif en petit groupe, vous vous positionnez, non plus uniquement en position frontale, mais à côté de l'élève. Vous devenez naturellement un guide. Les relations avec vos élèves deviennent plus constructives. L'ENT vous offre la possibilité de travailler davantage en pédagogie différenciée et de vous adapter au rythme des élèves, voire d'établir des parcours pédagogiques (▶ fiche 23).

Mais il modifie également les rapports aux activités d'apprentissage : la possibilité de lier des temps d'activité de classe avec le temps hors scolaire permet d'assurer une meilleure continuité pédagogique. L'espace de travail n'est plus restreint aux murs de la salle de classe et un ordinateur connecté à Internet suffit pour poursuivre une activité, consulter la liste des tâches à effectuer, etc.

Le partage des documents entre élèves conduit à la mise en place de travaux pluridisciplinaires, assurant ainsi la cohérence réelle des contenus de chaque discipline : les travaux personnels encadrés sont un excellent prétexte pour commencer.

Des élèves motivés

Les ENT peuvent avoir de réels avantages se mesurant par la motivation (voire l'enthousiasme) au travail. De par son côté attractif, la mise en activité de vos élèves devient plus efficace. Ils acquièrent ainsi un degré d'autonomie supplémentaire, élément essentiel à leur réussite scolaire.

Une telle utilisation de l'ENT favorise l'implication des élèves dans leurs apprentissages ainsi que la communication entre eux et avec leur professeur. Votre ENT, en mettant en relation tous les acteurs de l'établissement, participe au développement de relations d'aide, de coopération et tisse des liens nouveaux entre ses utilisateurs. Régulièrement, les élèves sont amenés à s'exprimer à partir de questionnaires, développer leurs points de vue sur des forums, communiquer entre eux pour résoudre des problèmes scolaires. Une absence ponctuelle pour maladie ou pour un stage, et la communication avec l'établissement n'est pas rompue : vos élèves peuvent consulter les cours et les devoirs que vous leur avez transmis.

Vous disposez déjà d'un ENT dans votre établissement, mais vous étiez encore réticent à l'utiliser ? Devenez un membre actif de cette nouvelle communauté. Après un temps nécessaire de prise en main, vous conviendrez que les bénéfices sont réels tant du côté enseignant que du côté élève. Et vous serez assurément un prof "dans le coup" !

Fiche 17

Former à distance
24 heures chrono

L'évolution du Web permet maintenant de mettre en place des dispositifs d'accès aux informations, et ce même à distance. Un élève absent pour maladie, des conditions climatiques incompatibles avec le déplacement des élèves : des situations banales qui vous poussent à réfléchir sur les modalités de « former à distance ». Et pourquoi ne pas imaginer, ensuite, des dispositifs permanents ?

LA VISIOCONFÉRENCE

Intérêt pédagogique

La visioconférence permet d'organiser des réunions avec des élèves ou des étudiants qui disposent d'une connexion Internet ; organiser de véritables « cours à distance » ou simplement fixer des rendez-vous visant à présenter un cours ou encore suivre les étudiants lors d'une période de stage, les applications sont multiples : un projet d'échange avec un établissement étranger, l'avis d'un spécialiste sur un sujet de recherche, etc.

> Depuis quelques années, nous préparons en commun avec ma collègue la quasi-totalité de nos cours, mais cela demande du temps et de la disponibilité. Nous avons trouvé une alternative en travaillant depuis la maison via Windows Live Messenger. D'abord au clavier, puis très vite avec la Webcam, car cette utilisation permet une meilleure réactivité et aussi une convivialité certaine.
> Lors des portes ouvertes, nous souhaitions présenter une nouveauté. Notre collège ayant la particularité d'être sur deux sites situés à chaque extrémité de la ville, cela nous a donné l'idée de nous connecter via notre adresse MSN et de passer la Webcam sur vidéoprojecteur.

Nous avons donc tout simplement proposé aux parents la visite des deux salles de technologie (une en réalité, et une virtuellement), mais aussi la possibilité de faire connaissance avec leur futur professeur de technologie en direct, même si elle n'était pas présente sur le site. La directrice a ainsi communiqué à distance avec certains parents.

Les réactions des parents et des futurs élèves ont été très positives. L'image véhiculée par ce système simple de visioconférence positionne le collège comme "dans le coup technologiquement". Cela tient parfois à peu de chose !!! Celle des collègues a également été très favorable, car ils ont rapidement trouvé des applications utilisables dans leur matière respective.

Ce système pourrait permettre, par exemple, à deux enseignants de matières différentes, dans le cadre d'un projet pluridisciplinaire, d'intervenir en fonction des compétences de chacun tout en étant sur des lieux différents. Il offre aussi, dans notre cas (deux sites distincts), la possibilité de proposer plusieurs options sans "manger trop d'heures". Nous réfléchissons actuellement à l'éventualité d'une évaluation orale à distance à titre expérimental. Affaire à suivre, mais les idées ne manquent pas..."

Marie-Claire et Yannick, professeurs de technologie en collège

À chaque fois, des occasions pour vous de créer des échanges :
- avec des personnalités : des experts scientifiques, des auteurs de livres, des politiques qui peuvent ainsi converser avec vos élèves en évitant de longs déplacements ;
- entre élèves de plusieurs établissements distants, pour travailler ensemble sur un projet commun.

Du côté technique

La réussite d'un projet d'échange par visioconférence dépend de plusieurs facteurs techniques et matériels :
- l'investissement et le coût du système de visioconférence performant et fiable, s'il s'agit d'une pratique fréquente dans votre établissement ;
- l'anticipation et la gestion des problèmes matériels, logiciels et de connexion pouvant survenir lors des séances.

Pour une utilisation ponctuelle ou exceptionnelle, des solutions logicielles gratuites et simples d'usage comme par exemple Windows Live Messenger (*http://www.windowslive.fr/messenger/*) et Skype (*http://*

www.skype.com/intl/fr/home/) sont disponibles, mais il en existe d'autres. La plupart des messageries en ligne proposent désormais une possibilité de communication vidéo. Toutes ces applications exigent une connexion avec un débit suffisamment important. Du point de vue équipement, une Webcam avec une bonne qualité de résolution et un microphone intégré permettent de bien commencer.

Des tests préliminaires s'imposent avant de vous lancer dans l'aventure. Avant chaque séance de visioconférence, un assistant ou un collègue peut réaliser les tests de liaisons, pendant que vous donnez les dernières consignes à votre classe.

Si vous êtes plutôt à l'aise devant la caméra, pourquoi ne pas franchir le pas et mettre vos talents d'acteur au service de la pédagogie. Produire une petite séquence de quelques minutes sur un sujet précis permet aux élèves de visionner ensuite la séquence.

Respect du droit

À partir du moment où vous filmez vos élèves, le droit à l'image doit être respecté (▶ fiche 5). Renseignez-vous et prenez vos précautions (faites les démarches d'autorisations nécessaires). On distingue alors deux situations :

- si la visioconférence est seulement captée en direct par les différents participants, nous sommes dans un cadre comparable à celui d'un débat ou d'un dialogue. L'image des participants, en l'occurrence de vos élèves, de vos collègues enseignants et des invités, ne subit alors aucune atteinte ;
- si la visioconférence est enregistrée puis diffusée en ligne, il y a communication au public. Dans cette configuration, la diffusion nécessite le consentement des participants dont l'image apparaît clairement dans la séquence filmée.

FORMATION OUVERTE À DISTANCE

Au-delà du traditionnel cours par correspondance, les nouvelles technologies permettent de proposer une véritable formation à distance. Les établissements supérieurs disposent déjà de leurs propres services. Si vous souhaitez, vous aussi dans votre établissement, proposer une solution alternative aux enseignements traditionnels et mettre en place une formation spécifique accessible pour tous, sachez que cela devient ainsi tout à fait envisageable. Même s'il s'agit d'un vaste chantier !

FOAD ou e-learning

La formation ouverte et à distance (FOAD) est une formation individualisée accessible de tout point du territoire. Elle peut associer des moyens traditionnels (cours par correspondance, supports audio-vidéo) aux nouveaux dispositifs offerts par les nouvelles technologies (vidéoconférences, classe virtuelle pour le travail en groupe, messagerie électronique, ressources en ligne).

Pour certains spécialistes, ce dispositif est à distinguer du principe de l'e-learning qui consiste à utiliser les nouvelles technologies multimédias de l'Internet pour améliorer la qualité de l'apprentissage.

> **EN PRATIQUE**
>
> Votre site pédagogique contenant uniquement des séries d'exercices interactifs appartient à la catégorie « e-learning » car il ne répond pas aux critères d'un système structuré avec une notion de progression pédagogique sur l'année. Il ne s'agit donc ni d'un enseignement à part entière, ni d'une formation. En revanche, une formation ouverte et à distance ne peut se dispenser de l'usage de nouvelles technologies, et encore moins de contenus interactifs et multimédia : un système de FOAD inclut donc nécessairement une partie e-learning.

Étapes de réalisation

Le principal intérêt d'une plate-forme c'est de pouvoir dispenser de la formation à distance, de manière asynchrone et en accès permanent pour un nombre suffisant d'utilisateurs. En termes d'outils, la FOAD nécessite un environnement de travail dédié et ce ne sont pas les solutions technologiques qui manquent. De nombreuses plates-formes généralistes telles que Ganesha (*http://www.ganesha.fr*), Moodle (tutoriel : *http://moodle.org/support/*) et Claroline (*http://www.claroline.net/documentation/tutorials.html*), par exemple, permettent de répondre au cahier des charges spécifique à ce type de projet :

- pour vous et votre équipe pédagogique, la possibilité de gestion des inscrits, la production de cours multimédia et de parcours, des espaces d'information et de communication partagés, un suivi pédagogique, des statistiques chiffrées sur la fréquentation et l'utilisation des différents outils ainsi que sur les résultats des étudiants ;

- pour vos étudiants, la possibilité de suivre un parcours personnalisé en autoformation, auto-évaluation et en accès libre à toute heure et en tout lieu.

Deuxième aspect à considérer pour mener à bien votre projet : une équipe solide et une réflexion en amont sans faille :

- il s'agit d'établir clairement les stratégies pédagogiques que vous développez (un apprentissage sur support multimédia a besoin d'être davantage structuré qu'un cours traditionnel sur support papier) ;
- le déroulement doit ensuite être scénarisé. Cette étape s'appuie sur la conception et la programmation d'activités d'apprentissage, en tenant compte des contraintes de vos futurs élèves. Ces activités peuvent prendre différentes formes : document à consulter, forum, wiki, glossaire, quiz (vrai/faux, choix multiples, appariements…), devoir à rendre en ligne…

EN PRATIQUE

Les cours ainsi créés comprennent divers types d'activités que vous pouvez combiner à votre guise. Chaque étape du cours pourra être largement paramétrée :
- contraintes de temps : voulez-vous imposer une date limite ?
- contraintes d'évaluation : nombre d'essais, score minimal, évaluation formative ou non ;
- contraintes dans la structure : autoriser ou non le passage à l'activité suivante ;
- contraintes au niveau des participants : créer des groupes de travail et attribuer un travail particulier.

Voici un exemple de scénario :
- un quiz, pour s'assurer que les élèves maîtrisent les prérequis ;
- des documents rappelant les notions antérieures pour ceux qui ont mal réussi le quiz (l'accès peut être limité à certains groupes) ;
- un travail à rendre en ligne (dans un délai donné et corrigé en ligne par le professeur), ou un quiz pour introduire les nouvelles notions. Un glossaire peut s'ajouter pour donner aux élèves des définitions, par exemple des termes techniques ;
- une synthèse élaborée par les étudiants sur le wiki peut suivre, pour détailler ce qui a été compris (le travail est limité dans la durée) ;
- un document de cours fourni par le professeur ;
- une utilisation du forum pour répondre aux questions et permettre l'entraide ;
- une évaluation (devoir rendu en ligne ou non) pour évaluer les acquis en fin de parcours.

Il est fondamental que l'équipe s'appuie sur une démarche forte : avoir une politique pédagogique claire, être d'accord sur les objectifs recherchés et sur ce que vous attendez des étudiants, notamment dans les exigences d'évaluation. La cohérence et la coordination de l'équipe sont deux points fondamentaux.

EN PRATIQUE

Voici deux copies d'écran montrant l'utilisation de la plate-forme Claroline. La première représente l'écran élève lors de la réalisation d'un parcours pédagogique sur le théorème de Pythagore. Sur la seconde, vous observez un travail à rendre en ligne et l'état des travaux rendus.

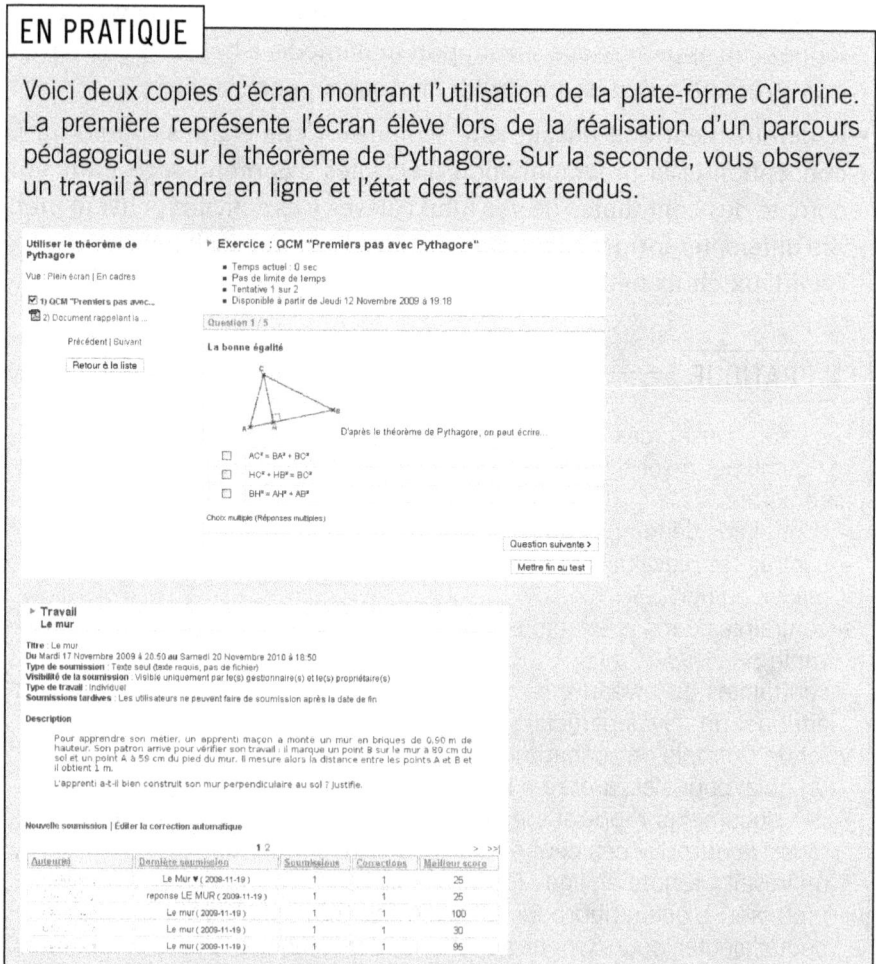

Une connexion Internet, un logiciel de messagerie instantané et le tour est joué. Vous voilà paré pour des échanges avec le monde entier !

Partie 3

Mettre en place des dispositifs pour mieux accompagner les élèves dans leur apprentissage

Fiche 18

S'organiser grâce au cahier de textes numérique

Planning sphère

« Apprends à mieux t'organiser ! », « Il n'a pas de méthodes ! » sont des commentaires qui reviennent très souvent de la part d'un enseignant. Du côté de l'élève, il n'est pas toujours si facile de réussir à bien s'organiser. Le cahier de textes personnel ou agenda, outil de base pour planifier le travail scolaire, est associé au cahier de textes de la classe souvent peu (voire pas du tout !) utilisé par les élèves. À l'heure du numérique, il convient de s'interroger sur les possibilités du cahier de textes numérique.

LE CAHIER DE TEXTES, VERSION PAPIER OU NUMÉRIQUE

Que disent les textes officiels ?

Les textes officiels régissant le cahier de textes de la classe sont assez anciens, le dernier est la circulaire du 3 mai 1961 qui précise que le déroulement des séquences, les travaux effectués par la classe doivent être consignés dans un cahier papier. Celui-ci est un repère de la classe permettant de suivre la progression des études. Il est consultable par les parents, les élèves, les professeurs qui en font la demande et qui se déplacent dans l'établissement pour le lire.

Pourtant, il est très fréquent de constater que les cahiers de textes sont souvent partiellement remplis faute de temps, d'envie, et surtout très peu consultés.

Avec l'arrivée de l'informatique et d'Internet, les usages et les demandes évoluent. Il existe des applications en ligne du cahier de textes papier accessibles par le Web.

> **BON À SAVOIR**
>
> Dans la circulaire du 9 septembre 2010, il est spécifié qu'à compter de la rentrée 2011, le cahier de textes numérique va se substituer au cahier de textes version papier. Accessible à travers les réseaux de communication sécurisés, il a pour vocation d'apporter une aide au service des activités d'enseignement et d'apprentissage, en même temps qu'une facilité d'accès accrue pour tous les utilisateurs : les enseignants et l'équipe éducative dans son ensemble, les élèves mais aussi leurs familles.

Le principe du cahier de textes numérique

Le cahier de textes numérique présente les mêmes fonctions légales que le modèle papier. Le professeur se connecte à Internet et le remplit depuis son domicile, la salle des professeurs, ou directement en classe s'il est équipé, ce qui présente une réelle souplesse d'utilisation.

Beaucoup d'enseignants expérimentent déjà le cahier de textes en ligne. Il s'agit soit d'une démarche individuelle (publication du cahier de textes sur ses pages Web personnelles ou grâce à une application disponible sur le Web), soit collective (l'établissement met à disposition de ses enseignants un outil leur permettant de publier s'ils le souhaitent leur cahier de textes).

À partir de la rentrée 2011, la démarche sera collective. Les cahiers de textes de chaque enseignant seront réunis en une seule application ce qui permettra de consulter toutes les disciplines d'une classe en une fois.

L'application peut être déjà intégrée au logiciel de notes, à un ENT présent dans l'établissement (▶ fiche 16) ou installée sur le site Internet de l'établissement. À l'équipe de décider, avec l'aide de la personne-ressource en informatique et des professeurs déjà expérimentés, quelle application conviendrait le mieux aux besoins.

Les applications disponibles

Il existe plusieurs applications Web « cahier de textes » téléchargeables en ligne et à installer sur son site personnel ou directement sur le site de l'établissement. En voici quelques exemples : Gest'classe ou Gest'classe-établissement (*http://gestclasse.free.fr/*), Gepi (*http://gepi.mutualibre.org*), Cahier de textes « chocolat » (*http://www.etab.ac-caen.fr/bsauveur/cahier_de_texte*). Il est aussi possible de tenir un cahier de textes en ligne *via* le site *http://www.cahierdetexte.com*. Vous pouvez consulter sur ces sites un guide pour l'installation et, en général, il est possible de tester en ligne les modules, ce qui vous permet de choisir l'outil adapté à votre usage.

UN OUTIL BIEN PRATIQUE

Ses fonctionnalités

Les fonctionnalités apportées par ce type d'application sont nombreuses et permettent une réelle avancée pédagogique :

- ses points forts : une mise en route très facile pour l'enseignant, une consultation aisée par les usagers, une sauvegarde des données facilitées (plus de cahiers papier à entasser dans les placards !), plus de « perte » ou d'« oubli » du cahier de textes papier :
- une crainte : des enseignants ont peur que le fait que le cahier de textes virtuel soit consultable à tout moment et accessible par tout le monde atteigne leur liberté pédagogique.

Il faut savoir que pour la plupart des applications en ligne, il faut détenir les identifiants nécessaires pour lire le contenu. Ceci permet donc de restreindre l'accès et apporte une première solution au problème soulevé.

Le cahier de textes numérique offre aux élèves des outils supplémentaires pour les guider dans leurs apprentissages. L'enseignant peut enrichir sa séance en leur proposant des outils supplémentaires pour prolonger le cours. Les élèves qui le souhaitent peuvent ainsi travailler de façon autonome sur des notions mal acquises ou chercher à développer leurs connaissances sur différents thèmes.

Vous pouvez compléter le cahier de textes avec des liens vers des sites permettant d'approfondir le cours ou directement vers des fiches méthodes que vous avez conçues. Si vous utilisez un TNI en classe, vous pouvez renvoyer les élèves vers le fichier mémorisant le tableau de la classe (▶ fiche 12).

Vous avez aussi la possibilité d'ajouter des liens vers des exercices supplémentaires.

Il est également facile de diffuser un message à vos élèves ou aux professeurs utilisant l'application. Cette option est intéressante par exemple pour rappeler une date d'évaluation. Certaines applications proposent une fonction « planning des devoirs » pour connaître les devoirs prévus dans la classe et ainsi mieux organiser la répartition entre enseignants.

C'est un lien supplémentaire entre les professeurs et les parents d'élèves. Le cahier de textes numérique les aide à mieux suivre la scolarité de leur enfant. Il permet aussi de rassurer ceux dont les enfants ne prennent pas correctement en note le travail à faire.

EN PRATIQUE

Voici un exemple de cahier de textes réalisé avec l'application « Cahier de textes » de Pierre Lemaitre (« licence chocolat »). Ceci est une copie de l'écran que peut visualiser un élève ou ses parents.

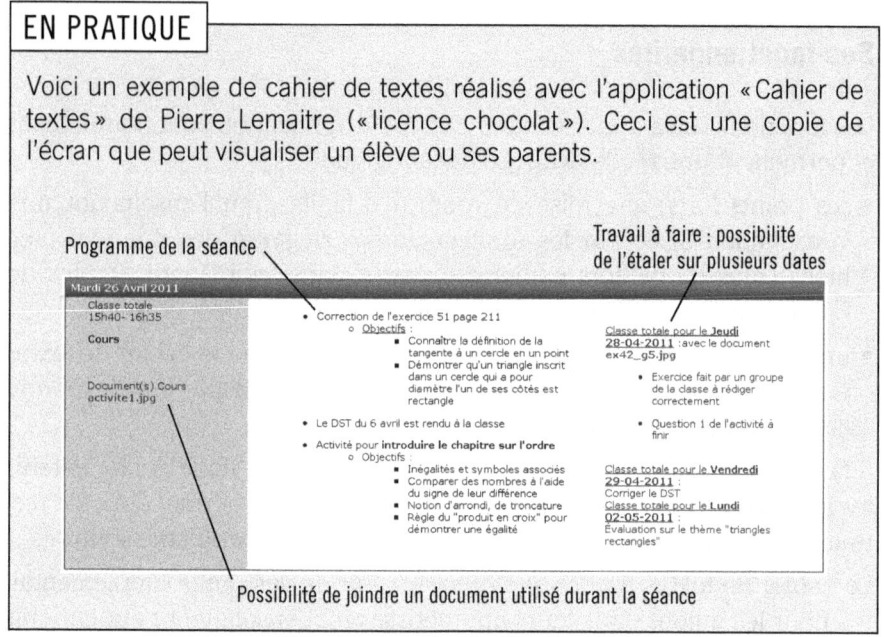

Renforcer le travail d'équipe

Si votre établissement expérimente le cahier de textes numérique, vous avez la possibilité d'accéder au cahier de textes de vos collègues.

Mais, dans quel(s) intérêt(s) ?

- bénéficier de l'expérience des autres et apporter la vôtre. Si dans une discipline vous avez mis au point avec vos collègues une progression commune, vous pouvez vous appuyer à tout moment sur le cahier de textes virtuel pour harmoniser vos séquences. Les nouveaux collègues peuvent s'aider des plus anciens en observant leur façon de remplir le cahier de textes ;

- utiliser le cahier de textes numérique comme support à un projet pluridisciplinaire. Lorsque plusieurs disciplines mettent au point un projet, le cahier de textes facilite les usages : progression commune, facilité d'adaptation, d'harmonisation des séances. Si l'organisation n'est pas votre point fort, le cahier de textes numérique peut vous permettre de vous améliorer.

Plus de cahiers de textes remplis à la va-vite en classe ou au dernier moment à la demande de votre chef d'établissement ou d'un inspecteur ! Plus d'excuse pour les élèves n'ayant pas fait un travail ! Vous voici conquis par les avantages du cahier de textes en ligne !

Fiche 19

Favoriser les échanges et le travail collaboratif
Passe le message à ton voisin

La position de l'enseignant évolue au fil du temps, son rôle ne se limite plus à transmettre le savoir. Les BO indiquent explicitement que l'enseignant doit préférer une démarche qui privilégie la construction du savoir par l'élève. Les moments de débats, de confrontations, de communication au sein de la classe sont donc essentiels. Pour favoriser ces échanges, il existe de nombreux dispositifs. En voici quelques-uns pour une classe qui communique et qui échange.

UN TRAVAIL COLLECTIF

Vous connaissez tout l'intérêt du travail de groupe en classe et tous les bénéfices que les élèves peuvent tirer de ces échanges: productions écrites, points de vue, questions... Mais, rassembler les élèves en petits groupes, multiplier les occasions de bavardages et de dissipations vous découragent parfois.

Dans ce contexte, l'utilisation d'outils TIC permet de travailler différemment et de faciliter l'échange voulu tout en gardant pour objectif l'idée de communication:
- entre les élèves de la classe (ou d'une autre classe) ;
- entre vous et vos élèves.

> **BON À SAVOIR**
>
> On parle de travail collaboratif lorsque plusieurs personnes travaillent ensemble sur le même sujet : chacun met ses compétences à profit pour améliorer le projet et optimiser sa réussite (Wikipédia est un exemple de plate-forme collaborative). Quant au travail coopératif, il correspond à une tâche réalisée par plusieurs personnes qui se sont réparti au préalable les rôles. Dans ce cas, il n'y a pas de mutualisation.

Le blog coopératif

Un blog (▶ fiche 14) permet de créer facilement et de publier immédiatement des pages Web (le dernier message publié s'affiche en premier) grâce à une interface d'édition simplifiée. La plupart des élèves disposent déjà d'un blog personnel et sont donc au fait de cette technologie.

Du point de vue pédagogique, la fonction Commentaires à la fin de chaque message favorise le dialogue et la communication avec les lecteurs. Les applications sont multiples et variées : il peut être un outil destiné à la classe, mais aussi un support de cours supplémentaire pour votre discipline. Voici quelques possibilités :

- un lieu d'échange entre l'enseignant et chaque élève en particulier ;
- un espace de rencontre où les élèves de la classe peuvent interagir les uns avec les autres ;
- un lieu de correspondance de classe et un espace virtuel d'échange entre classes ;
- un portfolio personnel dans lequel ils pourront publier leurs travaux (▶ fiche 25).

Le blog se prête, par exemple, particulièrement bien à des projets d'écriture collective. Par sa fonctionnalité, il favorise naturellement le partage des connaissances, l'archivage des productions d'élèves ou la construction coopérative de projets pédagogiques.

Intérêts pour vos élèves :

- la publication en ligne et le regard extérieur les valorisent ;
- ils fournissent plus d'efforts pour écrire un texte correctement et améliorent ainsi leur maîtrise de la langue ;
- ils cherchent à se dépasser pour améliorer leur production personnelle ;

- avec les commentaires, les lecteurs et l'auteur discutent sur le sujet ce qui est plus pratique qu'avec un simple support papier en classe ;
- les articles publiés sur le blog sont accessibles à tout moment, donc vos lecteurs ne sont plus contraints par le temps.

De votre côté, il devient aisé d'exploiter le blog en classe et de revenir sur les productions des élèves. Reprenez un extrait, visionnez un article avec le vidéoprojecteur, et l'échange est poursuivi en classe pendant votre séance !

> **BON À SAVOIR**
> Attention, il faut sensibiliser vos élèves à l'usage de ces outils. En principe, une charte d'utilisation des ressources TIC est établie dans chaque établissement scolaire et signée en début d'année au même titre que le règlement intérieur. Ils doivent connaître la charte et s'engager à la respecter. Sachez qu'en tant qu'administrateur du blog vous pouvez paramétrer les articles et les commentaires en modérant leur publication s'ils ne sont pas recevables. Même un commentaire peut être archivé !

Le wiki collaboratif

Le wiki est aujourd'hui connu essentiellement à travers Wikipédia, qui a fait de ce type d'application un outil de rédaction très performant. Il faut, malgré la relative simplicité apparente, que vos élèves soient formés à l'usage de votre wiki. Chaque wiki emploie des fonctionnalités qui méritent une certaine appropriation. Prévoyez donc obligatoirement un minimum de temps et de documents pour les former à un bon usage de votre petit wiki.

Le wiki peut s'avérer pratique pour réaliser en équipe une synthèse sur les connaissances et les capacités à maîtriser à la fin d'une séquence. En salle informatique, vous pouvez mettre à disposition de vos élèves un espace sur le wiki pour qu'ils réalisent le bilan de la notion étudiée. Ils peuvent travailler à tour de rôle sur le wiki, chaque élève met ses compétences au service du projet pour relire ce qui a déjà été fait, poser des questions à ses camarades, reformuler, ajouter des exemples…

Il existe des applications wiki en ligne qui permettent, sur une durée précise, de faire collaborer un petit groupe d'élèves. Vos lycéens doivent garder une trace écrite durant une conférence, réagir en temps réel devant un film ou rédiger un article quelques portables connectés à une application wiki avec un lien précis (exemple avec piratepad : *http://piratepad.net/*)

et c'est parti. Grâce à une ligne du temps, vous pourrez visualiser l'historique de la production.

> **BON À SAVOIR**
>
> Une des craintes est qu'un élève pourrait effacer le contenu d'une page ou publier des bêtises. Cela peut être évité puisque les wikis conservent automatiquement les versions intermédiaires des pages, et proposent une interface historique qui permet d'examiner les modifications de chaque version. Ainsi, vous pourrez facilement annuler les modifications jugées inappropriées et même retrouver l'auteur.

En fin de processus, pensez à faire le point sur le dispositif. Cela sera l'occasion de porter un regard critique sur les acquis de vos élèves, sur la qualité de la production finale ainsi que sur la démarche réalisée.

Autre concept intéressant : le mur collaboratif. Il s'agit d'une application en ligne (exemple : *http://www.wallwisher.com/*). Les élèves peuvent, avec un simple lien créé automatiquement par vous lors de la création du mur, déposer à volonté de petits Post-it. Vos lycéens ont plein d'idées sur un scénario, ils souhaitent écrire des messages, réagir, etc. C'est la solution parfaite ! Les Post-it peuvent ensuite être déplacés, organisés en fin de travail.

> **EN PRATIQUE**
>
> Matériellement, utiliser une application wiki règle parfois aussi les problèmes de sauvegarde : plus besoin de clé USB, plus de souci de compatibilité entre la clé et l'ordinateur, de transfert et de format de fichiers puisque tout est centralisé sur le wiki. Cela peut s'avérer finalement avantageux en termes de manipulation et de ce fait rapidement consultable pour l'ensemble de la classe.

> **BON À SAVOIR**
>
> Dans le même esprit d'échange, il existe désormais les ENT (▶ fiche 16), mais également les suites bureautiques en ligne (▶ fiche 2). Les fichiers ne sont alors plus stockés uniquement en local mais deviennent accessibles et modifiables en ligne grâce à un compte d'accès. L'objectif est encore de donner la possibilité de travailler ensemble, de partager des fichiers et de les modifier. Et, pour vous, cela permet aisément de consulter, voire de récupérer des travaux de groupes.

ÉCHANGER À TOUT MOMENT

Les TICE offrent l'avantage et la possibilité de consulter des documents sans la contrainte du temps : un document en ligne est accessible lorsqu'on le souhaite, et donc à un autre moment que le créneau réservé au cours. Il multiplie les possibilités de réactions et d'échanges entre vos élèves.

> **BON À SAVOIR**
>
> Échange asynchrone : l'échange avec les élèves s'effectue *via* des modes de communication ne nécessitant pas de connexion simultanée. Il peut s'agir, par exemple, d'un forum de discussion ou bien encore de l'échange de courriels.

Avec vos élèves

La messagerie (▶ fiche 15) permet aux élèves d'échanger avec vous après les cours. Ce mode de communication demande un investissement supplémentaire de votre part. Vous devez alors consacrer de votre temps pour répondre à vos élèves : définissez et limitez le créneau horaire. Il faut le voir comme un gain de temps par la suite en classe. Il ne s'agit pas d'être systématiquement joignable, ce type d'échange peut être proposé ponctuellement dans l'année.

Vous pouvez aussi utiliser le *chat* (« clavardage » en français) qui consiste à échanger des messages instantanément. Vous proposez à vos élèves un créneau horaire pour répondre à leurs questions. Le chat est plus risqué car vous pouvez vous trouver exposé à des questions sans lien avec le sujet, mais la démarche mérite d'être expérimentée. L'élève en difficulté dispose d'un moyen supplémentaire pour avancer et surmonter ses difficultés (voire vaincre sa timidité).

> **BON À SAVOIR**
>
> L'usage des TIC ne doit pas remplacer l'échange pendant vos séances. Il doit être considéré comme un outil pédagogique supplémentaire de communication mais en aucun cas un palliatif. Pensez aussi que tous vos élèves ne disposent probablement pas des mêmes accès à Internet chez eux. Il ne s'agit pas de pénaliser ceux qui ne sont pas équipés ou autorisés à y aller régulièrement.

Le forum

Le forum (▶ fiche 16) sera l'outil adapté pour permettre le dialogue avec chaque élève, mais surtout donner un cadre à l'échange. Vous définissez les règles, les modalités et les sujets de discussion.

Sans être exhaustif, voici quelques types d'usage de forum :

- forum de préparation : une activité diagnostique pour préparer la séquence suivante. La problématique est le sujet du forum, vos élèves ont pour mission d'écrire leurs idées, leurs questions… Cela vous permettra de connaître les acquis de vos élèves sur le sujet et donc de partir de leurs connaissances pour amener ensuite les objectifs de votre programme. Attention, veillez à ce que l'objet du projet se prête bien à la situation ! Ce forum peut durer une à deux semaines en amont du chapitre ;
- forum de synthèse : en fin de cours pour clôturer une séquence ou un thème et valider des acquis ;
- forum d'accompagnement : pendant toute la durée du travail de réflexion sur un sujet précis.

Dans cette application, votre rôle, pendant le déroulement du projet, devient celui d'animateur mais aussi de modérateur. Avec ce dernier statut (défini lors de l'installation du forum), vous avez la possibilité de supprimer un message tendancieux, mettre en garde un rédacteur et faire en sorte que tout le monde respecte la charte d'usage du forum (co-écrite avec vos élèves).

Intérêts pour vos élèves :

- chacun peut s'exprimer sur le sujet ;
- ils ont la possibilité de répondre en direct à leurs camarades ;
- ils développent leurs capacités d'argumentation, de justification ;
- ils sont amenés à envisager un autre point de vue.

> **BON À SAVOIR**
> Selon le type de forum, les fonctionnalités peuvent varier : publication instantanée ou différée, publication permanente ou sur un temps déterminé, modification des messages *a posteriori* par leurs auteurs.

À vous donc de bien réfléchir en amont à l'objectif de votre forum et de l'expliquer ensuite clairement à vos élèves. Il peut être le support pour accompagner une activité ou un outil supplémentaire permettant à vos élèves de poser des questions à d'autres moments que vos propres cours.

OUVERTURE VERS L'EXTÉRIEUR

Votre établissement ne doit pas fonctionner en vase clos. Il en va de votre responsabilité pédagogique aussi de trouver parfois des situations qui offrent la possibilité à vos élèves de contacter des personnes extérieures à l'équipe éducative et ainsi de s'ouvrir au monde...

Des personnes-ressources

À ce titre, la messagerie peut être exploitée pendant la classe. Une partie de la séance peut donc être destinée à l'écriture ou à la consultation d'un courriel. Plutôt que de consulter des sites et trouver des informations générales, rédiger un message fournira à vos élèves des informations beaucoup plus précises.

Dans le cas d'une classe qui travaille sur un projet d'orientation : ils peuvent utiliser leur messagerie ou celle de l'établissement pour poser une question spécifique à un professionnel. L'élève se sent valorisé par l'échange et reçoit la réponse avec un intérêt supplémentaire. Et pourquoi pas une visite dans la classe ou un entretien plus précis ?

Les parents

Selon les établissements, les relations avec les familles sont plus ou moins mises en avant. Grâce aux différents dispositifs mis en place (site Internet de votre établissement ou blog de la classe), la communication avec les familles peut aussi être développée. Voici quelques pistes :
- à l'occasion de voyages scolaires, des informations peuvent être diffusées au jour le jour sur le site de l'établissement, pourquoi pas accompagnées de photos. Attention à bien demander l'accord des familles pour leur diffusion en ligne ;
- pour les activités extrascolaires proposées, des renseignements pratiques (horaires, consignes), les résultats sportifs... peuvent être transmis et accessibles à tout moment par les parents ;

- suite à une réunion, les comptes rendus peuvent être publiés pour permettre aux parents qui n'ont pas pu se déplacer d'être mis au courant ;
- des conseils pour faire travailler ses enfants à la maison peuvent aussi être mis en ligne ;
- pour sonder des parents sur un sujet précis (travaux dans l'établissement, horaires des cours…), il est possible de proposer un sondage en ligne (*http://www.doodle.com/?locale=fr*) ;
- en équipe, vous pouvez aussi décider de communiquer aux familles vos adresses e-mail professionnelles pour faciliter les contacts.

Tous ces exemples permettent d'approfondir la communication avec les parents, c'est un élément indispensable pour la réussite éducative d'un établissement scolaire.

Vous trouvez vos élèves peu enclins aux travaux de groupe en classe ou au contraire très actifs mais sans cohésion : installez un wiki, créez un blog ou un forum pour favoriser la communication et provoquer des échanges structurés. Si vous êtes motivé par l'utilisation de ces outils, trouvez des collègues qui le sont également ; à plusieurs, il est plus facile de se lancer !

Fiche 20

Rendre les élèves acteurs par le jeu
Game lover

Rendre les élèves acteurs est l'une des priorités de tout enseignant ! Mais sa mise en pratique au quotidien n'est pas toujours évidente du fait de la difficulté de trouver des activités pertinentes et adaptées à nos élèves. L'utilisation de supports ludiques en classe dépend essentiellement de l'intérêt de l'enseignant et de son envie de se situer dans un autre rapport avec ses élèves. Le jeu induit souvent un climat particulier entre élèves, climat généralement favorable à une multitude d'apprentissages essentiels. Laissez-vous tenter…

SERIOUS GAMES

De quoi s'agit-il ?

Depuis Pac Man, Mario, Sonic… l'univers du jeu vidéo a continué de se développer. Les utilisateurs recherchent tout simplement l'amusement et la possibilité de s'immerger dans un univers virtuel. En proposant des jeux différents (entraînement cérébral, activités sportives), les consoles actuelles (par exemple : la Nintendo DS ou la Wii) ont réussi le pari d'attirer un plus large public. À l'heure actuelle, une grande partie de la population a une nouvelle image du jeu vidéo.

Le milieu éducatif a saisi l'opportunité de se moderniser en considérant que les jeux vidéo ne sont pas simplement une affaire de divertissement. C'est l'arrivée des *serious game* (ou « jeu sérieux » en français), applications informatiques qui s'appuient sur les forces du jeu vidéo à des fins éducatives.

Usages et intérêts

En permettant de se placer au plus près de l'environnement quotidien des élèves, les serious games présentent de nombreux avantages pour l'enseignement :
- donner du sens aux activités ;
- créer du lien, mettre en relation des apprentissages ;
- accroître la motivation et l'intérêt des élèves ;
- améliorer la concentration et les capacités de mémorisation ;
- solliciter les prises d'initiatives par le choix de stratégies ;
- rendre les élèves plus autonomes.

Tous ces aspects permettent d'impliquer plus facilement l'élève dans l'activité et aident à la construction de nouveaux savoirs.

Des exemples

- *Écoville (http://www.ademe.fr/particuliers/jeu2/ADEME/ECOVILLE-2/index.html)* est un jeu éducatif qui a pour objectif de sensibiliser les utilisateurs à l'environnement et à la maîtrise de l'énergie. Il s'agit de mettre en pratique les règles du développement durable (en particulier le respect des accords de Kyoto) à travers la construction d'une « écoville » de quinze mille habitants. Il peut être téléchargé ou utilisé directement en ligne. Il s'intègre très bien dans des projets d'éducation au développement durable, par exemple avec des collégiens au travers d'itinéraires de découverte (IDD). L'application reprend des thèmes abordés en histoire-géographie (approche de l'aménagement et de l'environnement urbain) et en SVT (gestion des déchets, pollution).
- *Exmachina (http://www.2025exmachina.net/jeu)* reprend un autre thème important pour l'éducation des nouvelles générations : les usages d'Internet. Son objectif est d'amener les jeunes à porter un regard critique sur l'utilisation de réseaux sociaux, de blogs, la recherche d'informations, le chat... L'utilisateur est en l'an 2025 et se transforme en détective pour venir au secours de gens dont le passé s'est retrouvé dévoilé. Un puissant logiciel de récupération de données a été utilisé à leur insu de façon malveillante. La CNIL est partenaire du projet. Il se joue directement en ligne. Il est parfait pour aborder avec les élèves deux domaines du B2i : « savoir adopter une attitude responsable » et « communiquer, échanger ».

Avec un ordinateur relié à Internet et un vidéoprojecteur, un jeu peut être mis en place en vue d'un projet collectif. Le professeur ou un élève se transforme en animateur et propose des votes à main levée pour prendre des décisions. En salle multimédia, il peut être utilisé individuellement ou à deux. Cela permet aux élèves de mieux profiter du jeu et il favorise leur participation active.

> **EN PRATIQUE**
>
> Le jeu *Cyberbudget* se joue également en ligne (*http://www.cyber-budget.fr/jeu/index.html*). Il est destiné aux lycéens ou étudiants (premier cycle) en économie-gestion. Il permet de développer ses connaissances de l'environnement budgétaire et d'appréhender les conséquences des choix budgétaires. Un des intérêts du jeu est que l'utilisateur est amené à prendre connaissances des ressources (en particulier le vocabulaire spécifique) du jeu afin d'y progresser.
>
>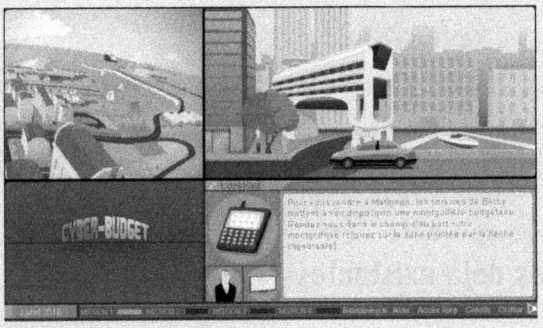

Les serious games d'aujourd'hui sont encore assez limités (diversités des thèmes, des niveaux scolaires) mais tout laisse à penser que demain, ils seront de véritables outils pédagogiques mélangeant jeu, connaissances et interactivité.

CONCEVOIR DES ACTIVITÉS LUDIQUES

Des outils

Il existe des logiciels téléchargeables en ligne qui permettent de développer assez simplement des activités ludiques :

- le logiciel Game Maker (*http://www.gamemaker.fr/*) est une alternative des plus avantageuses pour la programmation des jeux 2D (ou 3D). C'est un outil totalement gratuit dont la licence permet de diffuser et vendre ses propres productions. Il vous permet de créer un jeu 2D simple en quelques clics sans savoir programmer. Si vous voulez aller plus loin dans la programmation et ainsi sophistiquer votre produit, c'est possible en utilisant le gml (langage de script de Game Maker) ;
- Scratch est un langage de programmation qui vous permet de créer facilement vos propres animations, vos jeux. Sa vocation est surtout pédagogique, il a été conçu pour initier les enfants et adolescents à la conception et à la programmation informatique (très simplifiée bien sûr !). Mais, rien ne vous empêche de l'utiliser ! Une version gratuite est téléchargeable : *http://scratch.mit.edu/* ;
- dans le même esprit, Tangara est un logiciel pédagogique pour apprendre la programmation sur ordinateur. Pour télécharger la version gratuite : *http://tangara.colombbus.org*.

> **BON À SAVOIR**
> Depuis 2008, l'académie de Créteil a ouvert un concours « jeu vidéo » destiné aux élèves de collèges et lycées. Le but est d'imaginer et de réaliser un jeu vidéo en rapport avec les programmes scolaires à l'aide des logiciels de créations libres Scratch et Tangara.

Des pratiques déjà existantes

> *Dès que j'ai eu ma première console de jeu (le fameux* Pong *!), j'ai attrapé le "virus" du jeu vidéo et mon intérêt pour la programmation de jeux s'est très vite approfondi ! J'ai commencé à programmer en Ti-Basic, Pascal. Il y a six ans, j'ai découvert par hasard le logiciel Gamemaker qui simplifie la programmation. C'est l'outil que j'utilise actuellement. L'enseignement est pour moi le point de départ d'une reconversion. Lorsque je suis arrivé il y a trois ans en collège-lycée, j'ai fait le constat qu'en sixième, cinquième (et bien au-delà !) les tables d'addition et surtout de multiplication ne sont pas sues sur le bout des doigts. Or si ces lacunes ne sont pas comblées, cela conduit fatalement à un handicap pour l'apprentissage et la compréhension de notions ultérieures ainsi que la résolution de nombre d'exercices et problèmes en collège-lycée... Il fallait donc trouver quelque chose pour faire apprendre aux élèves leurs tables et les entraîner sans que cela apparaisse comme une contrainte, surtout pour les élèves trop peu "scolaires".*

C'est donc pour cela que mon projet Pac-Math a vu le jour. Il reprend le principe du célèbre Pac-Man : un personnage circulaire qui évolue dans un labyrinthe et qui représente le joueur et dix fantômes numérotés de 0 à 9. Une équation mathématique ("égalité à trou", multiplication ou addition) apparaît régulièrement sur le côté droit avec un "nombre manquant" devant être égal à un des nombres entiers compris entre 0 et 9. Le joueur doit capturer le bon fantôme (numéroté de 0 à 9) pour résoudre l'équation. Cela demande donc à l'utilisateur de connaître ses tables et de pratiquer le calcul mental afin de résoudre les équations, augmenter son score, éviter d'être capturé par un fantôme et passer au tableau suivant, ce qui est le but du jeu.

À tout moment, l'élève peut, s'il le souhaite, afficher la table de multiplication adéquate. Il l'obtient en cliquant sur l'icône d'aide.

J'ai proposé le Pac-Math à mes deux classes de 6e qui représentent une partie du public-cible (6e/5e). La première appréhension fut de savoir comment ils allaient juger un produit créé par leur professeur de mathématiques... Je ne leur ai donc pas dit tout de suite que j'en étais l'auteur. En définitive, la première version du Pac-Math (assez rudimentaire) a été plutôt bien accueillie, il n'y a pas eu de rejet (!)... Les élèves ne sont pas dupes et comprennent bien qu'il y a derrière le jeu un aspect éducatif... Les retours sont plutôt bons, pour un jeu embryonnaire, inachevé et avec quelques défauts ! On n'en est pas encore à une hystérie collective mais ce que je peux dire c'est que des élèves habituellement peu "matheux" ou peu "scolaires" jouent volontiers au Pac-Math et sont impatients de tester les nouvelles versions.

Un autre point positif du Pac-Math est qu'il plaît aussi bien aux garçons qu'aux filles. Voire même aux parents ! On assiste alors au phénomène "Je ne joue pas, j'apprends mes tables !" constaté dans les familles de mes élèves de cours particuliers. La pratique du jeu par l'enfant en dehors des heures de loisirs est plus facilement acceptée par les parents.

Par ailleurs, la cote d'amour des mathématiques auprès des élèves étant toujours aléatoire, il est absolument indispensable d'utiliser l'informatique et le jeu, notamment pour modifier le rapport et l'image des mathématiques, des enseignants auprès des jeunes.

Enfin, quelques élèves sont désireux d'apprendre à utiliser le logiciel utilisé (Game Maker) pour créer « leur jeu », un projet intéressant qui est en réflexion..."

Alain, professeur de mathématiques dans un collège

Voici une copie d'écran du Pac-Math :

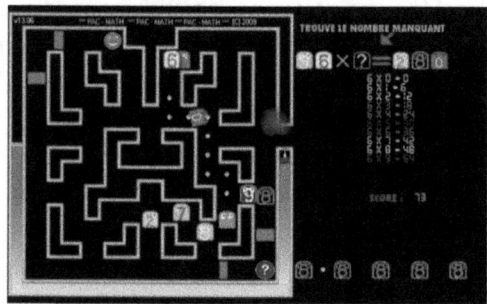

Adresse du site Web de l'auteur : *http://www.katakali-games.com*.

Si vous êtes désireux d'intégrer le jeu dans votre enseignement et que vous êtes prêt à consacrer un peu de temps pour manipuler les logiciels, lancez-vous dans l'aventure ! Si le temps vous manque, ou si l'utilisation de ces logiciels vous fait peur, commencez avec les jeux déjà conçus qui présentent un intérêt pour votre enseignement. Dans tous les cas, vos élèves apprécieront.

Fiche 21

Utiliser la baladodiffusion
Sortez les casques

L'amélioration des compétences des élèves en langues vivantes est une priorité de l'Union européenne. L'objectif est que chaque citoyen parle et comprenne deux langues étrangères. Apprentissage plus précoce, renforcement de l'oral, harmonisation européenne des niveaux de langue : tels sont les objectifs de la rénovation de l'enseignement des langues vivantes étrangères lancée par le ministère de l'Éducation nationale. Dans ce nouveau contexte, les technologies numériques peuvent être un allié fort utile.

UNE NÉCESSITÉ PÉDAGOGIQUE

Un nouveau cadre

Les nouveaux programmes de langues vivantes au collège ont été mis en conformité avec les orientations du Cadre européen commun de référence pour les langues. Ils privilégient l'apprentissage de l'oral au cours de la scolarité obligatoire et une entrée dans les apprentissages par les contenus culturels.

> **BON À SAVOIR**
> Le Cadre européen commun de référence (CECR) est le résultat de recherches rigoureuses qui ont permis d'établir des paliers à atteindre pour communiquer efficacement dans une langue étrangère. Il fournit une base commune pour la reconnaissance des qualifications en langues, facilitant ainsi la mobilité éducative et professionnelle (*http://eduscol.education.fr/cid45678/cadre-europeen-commun-de-reference.html*).

Dans ce cadre de développement des pratiques orales, la principale idée est de favoriser le temps d'exposition avec la langue, ainsi que l'exploitation de documents authentiques. Mais les constats sont tout autres : ces activités sont, en général, considérées par les élèves comme difficiles et certains élèves semblent s'ennuyer alors que d'autres comptent beaucoup sur les autres.

Un dispositif semble, cependant, être une alternative intéressante : la diffusion sur baladeur (appelée aussi baladodiffusion). L'utilisation de cet outil (adopté par tous les ados) à des fins pédagogiques doit permettre de relever les deux défis suivants :

- favoriser ou augmenter le temps d'exposition avec des documents sonores authentiques ;
- donner l'opportunité aux élèves de s'exprimer davantage oralement.

Documents et supports numériques

Du point de vue matériel, le principe est simple. Au placard, les cassettes audio et les lecteurs, vos élèves sont dotés de baladeurs MP3 avec dictaphone intégré. Un même baladeur peut être utilisé dans plusieurs disciplines. À vous, avec votre équipe pédagogique, de définir les modalités d'usages : s'agit-il d'un simple prêt d'un lecteur numérique ? Sera-t-il utilisé en classe ou en dehors ?

Selon les situations et les choix de votre établissement, les élèves et parents d'élèves peuvent préalablement compléter et signer une fiche d'emprunt les responsabilisant en cas de perte ou de détérioration de l'appareil.

> **BON À SAVOIR**
> Choisir un modèle équipé de la fonction dictaphone pour que les élèves puissent enregistrer leurs productions orales. Éviter de choisir un modèle avec piles. Choisir un modèle qui se recharge sur secteur ou sur PC (*via* le cordon USB). Un appareil avec une mémoire de 1 gigaoctet suffit amplement et permet de stoker plus de dix heures de fichiers MP3.

Vous devez aussi vous équiper d'un baladeur MP3, si possible identique à ceux des élèves. Un ordinateur portable dédié à la gestion des fichiers est également nécessaire. Il permettra notamment de gérer les transferts et d'effectuer d'éventuelles manipulations de fichiers audio.

Vous pouvez impliquer vos élèves dans le transfert des fichiers. Ils ont de solides connaissances sur le sujet. À partir des postes informatiques de l'établissement ou grâce à l'ENT, ils peuvent télécharger sur leur baladeur les documents sonores déposés préalablement sur le réseau et plus précisément dans le dossier de leur classe. Cela est une occasion de valider des compétences informatiques exigibles au B2i.

DES DOCUMENTS AUTHENTIQUES

Acquisition

Avant de pouvoir exploiter ou de diffuser un document audio (ou vidéo) à vos élèves, il faut posséder ce document sur votre disque dur, sous forme de fichier multimédia. La première étape consiste donc à acquérir des fichiers sonores exploitables ensuite dans vos séances. La procédure varie selon la nature et la source du document que vous envisagez d'utiliser. Auparavant, il faut veiller à rester dans la légalité et prendre les précautions sur le droit d'utilisation et de diffusion de certaines sources dans vos cours (▶ fiche 5).

Trois techniques permettent la diffusion de fichiers multimédia sur Internet. Petite mise en garde : un fichier disponible en ligne n'est pas forcément une source licite !

- Diffusion en flux continu (*streaming*) : cette technique permet de profiter immédiatement des fichiers multimédia disponibles sur Internet. Le flux est analysé au fur et à mesure par l'ordinateur dans un lecteur multimédia, par exemple Quicktime Player d'Apple, Windows Media Player de Microsoft ou tout autre lecteur flash. Le document est consultable en ligne, mais sa copie n'est pas autorisée.

- Téléchargement (*downloading*) : le fichier audio ou vidéo est mis à disposition pour être sauvegardé sous forme numérique. Lorsque cette possibilité existe, elle est signalée par un bouton de téléchargement ou un lien. Pour télécharger le fichier, déclenchez le téléchargement avec le bouton droit « Enregistrer la cible sous… ». Le fichier est alors physiquement sur votre ordinateur.

- Baladodiffusion (podcast) : les podcasts audio et vidéo sont disponibles sur Internet sur abonnement ou en fils RSS. Par podcast on désigne une diffusion périodique de ressources sonores sur Internet, à laquelle il est possible de s'abonner par le biais d'un flux RSS (▶ fiche 9). Le logiciel qui gère les abonnements aux podcasts est un agrégateur (iTunes *http://www.apple.com/fr/itunes/download/*, et Juice, *http://juicereceiver.sourceforge.net/*, en sont les principaux). Ainsi, chaque fois que de nouvelles ressources sonores sont publiées, vous êtes informé et la procédure de téléchargement peut être automatisée.

Pour vous faciliter la tâche dans la recherche de fichiers audio légaux, des sites pédagogiques mettent à votre disposition des fichiers sonores. Par exemple, le site English Language Learning Laboratory Online (*http://www.elllo.org*) précise clairement le cadre légal de téléchargement et d'usage des ressources pour vos séances d'enseignement.

Afin de renforcer l'exposition des élèves à la langue, de nombreuses initiatives ont également été lancées. Des accords existent avec des chaînes de télévision étrangères pour utiliser librement leurs supports en classe. Des annuaires de podcast dédiés à votre discipline sont disponibles pour vous assister dans vos recherches de documents authentiques.

Il existe en effet de nombreux formats de fichiers numériques sonores. Chaque format audio présente des caractéristiques découlant de l'algorithme de compression/décompression, (appelé communément « codec »), qu'il utilise. Après la numérisation du son, le format utilisé est inscrit dans l'extension du fichier de données.

format	Caractéristiques
.wav	Le format WAV a été mis au point par Microsoft, il est l'un des plus répandus. C'est le format des fichiers des CD. Il est non compressé, donc volumineux.
.ogg	Le format Ogg Vorbis est un format libre. Le fichier est comprimé mais souvent de meilleure qualité que le format MP3.
.aif	Le format AIFF est l'équivalent chez Apple du format WAV.
.aac .mp4	Le format AAC est considéré comme le successeur du MP3. Apple l'a choisi comme codec privilégié, on le retrouve dans son ipod et son logiciel itunes.
.mp3	Format compressé adopté par le monde Internet car les fichiers sont peu volumineux et souvent compatibles avec beaucoup d'applications.
.wma	Le format WMA créé par Microsoft est utilisé par le logiciel Windows Media Player et permet notamment de gérer les droits d'auteurs.

Didactisation

Le document sonore que vous avez récupéré sur votre ordinateur s'inscrit dans un scénario pédagogique et didactique précis. Cette source sonore authentique exigerait peut-être de votre part un traitement spécifique et ainsi d'adapter votre document audio pour une activité de compréhension orale. Pour qu'il soit exploitable dans votre séance, vous souhaiteriez, par exemple,

- prendre uniquement un extrait précis ;
- découper le fichier en plusieurs parties ;
- enregistrer et insérer vos propres énoncés ;
- ajouter des « silences » entre deux éléments du document.

Ce traitement du son exige des compétences et l'utilisation pointue d'un logiciel de traitement du son. Il s'agit là de l'étape ultime, mais nécessaire. Le logiciel Audacity (*http://audacity.sourceforge.net/*) permet, par exemple, de réaliser toutes ces manipulations et ainsi de créer de nouveaux fichiers à partir du fichier source. Il existe des tutoriels sur le sujet, et n'hésitez pas à demander assistance auprès d'un spécialiste. Avec un brin de motivation (et de disponibilité), vous verrez que cela n'est finalement pas si compliqué et que le résultat sera de qualité.

UNE ÉVOLUTION DES PRATIQUES

Une nouvelle organisation

Le baladeur numérique facilite, certes, l'évaluation de la prise de parole. Vos élèves peuvent s'enregistrer dans l'établissement, mais aussi chez eux. Une fois l'exercice réalisé, ils vous remettent leur baladeur ou déposent le fichier sur le réseau de l'établissement. Vous pouvez, par conséquent, évaluer la qualité du travail au collège, ou alors tranquillement chez vous.

Les élèves les plus timides, en s'entraînant librement chez eux, pourront prendre confiance en leurs capacités et ensuite peut-être s'impliquer davantage dans les futures activités orales au sein de la classe.

> **BON À SAVOIR**
> Échanger devient donc relativement simple. Dans le cadre d'un projet d'échange, les fichiers audio (ou même vidéo) produits par vos élèves peuvent ainsi être échangés, écoutés. Si vous étiez réticent pour ce genre de projet mais plutôt à l'aise du côté technique, c'est peut-être l'occasion de franchir le pas.

L'utilisation des lecteurs MP3 en classe exige aussi de repenser l'organisation de vos séances. L'un des intérêts de la démarche est de pouvoir faire

travailler en relative autonomie un groupe d'élèves pour se consacrer aux autres. Par exemple, dans une stratégie par ateliers, vous pouvez séparer la classe en trois groupes tournants :
- groupe A : exercice d'expression orale ;
- groupe B : exercice de compréhension écrite ;
- groupe C : exercice de compréhension orale à partir d'un document sur le lecteur numérique.

Dans cet exemple, l'utilisation du baladeur permet d'amener vos élèves à une certaine autonomie. Cela permet également une plus grande disponibilité pour le groupe A. Vous pouvez donc prendre davantage en compte les besoins de chaque élève. La possibilité d'écouter plusieurs fois la production orale favorise une évaluation plus précise mais aussi le fait de déceler des erreurs.

Besoin de formation

Pour mener à bien ce genre de projet, des compétences nouvelles sont exigibles afin de maîtriser le matériel, mais également la gestion et les manipulations des fichiers. Travailler à plusieurs, s'inscrire dans un processus de formation, permettra également de mutualiser vos pratiques pédagogiques. Les sujets ne manquent pas :
- recherche, enregistrement et didactisation des fichiers audio à partir de diverses sources ;
- transfert des fichiers sur divers supports (ordinateur, salle multimédia, baladeur, blog, ENT, etc.) ;
- utilisation des plates-formes pédagogiques pour mutualiser et constituer une banque de fichiers sonores.

Des lecteurs MP3 pour créer une dynamique autour des langues vivantes et de la pratique orale : cela mérite réellement d'être tenté. Les élèves risquent d'être rapidement séduits par l'usage de ces dispositifs numériques. À vous de franchir le pas, de vous approprier cette nouvelle technologie et de partager ensuite, pourquoi pas, votre expérience avec vos collègues des autres disciplines.

Fiche 22

Utiliser les outils de cartographie numérique

Nouveau jeu de carte

Aujourd'hui, lorsque nous nous déplaçons vers un lieu que nous connaissons mal, nous sommes nombreux à mettre de côté la carte routière traditionnelle et à opter pour le GPS ! Nous nous appuyons aussi beaucoup sur des ressources disponibles sur le Net pour préparer un itinéraire routier. C'est l'utilisation des « SIG » (systèmes d'informations géographiques). Pour l'enseignement, c'est une façon de moderniser les pratiques et de s'approcher du quotidien des élèves. Allons sur le terrain…

QUE SONT LES SIG ?

Pour prendre un bon départ

L'acronyme « SIG » désigne un système informatique qui permet de traiter de l'information géographique. Plusieurs renseignements (situation géographique, taille, caractéristiques : population, surface, routes, végétation…) sont acquis, stockés, analysés, interrogés, visualisés, publiés à l'aide de systèmes d'information géographique.

Toutes ces catégories de renseignements forment ce que l'on appelle des couches. En les superposant, l'élève peut croiser des informations. Ainsi, il teste des hypothèses qui l'amèneront à construire son raisonnement géographique. Attention, parfois l'excès d'informations que l'on peut obtenir peut rendre l'interprétation difficile. Il semble indispensable que les élèves aient conscience de cette limite.

> **EN PRATIQUE**
>
> Les SIG sont des outils d'observation du territoire qui aident les élèves à mieux comprendre le monde qui les entoure. Par exemple, pour étudier un aménagement routier, ils peuvent utiliser les logiciels de façon pertinente pour répondre aux questions suivantes :
> – *où* se trouve l'échangeur ?
> – *quel* est le nom de l'autoroute ?
> – *comment* est organisée la circulation ?
> – *quand* la bretelle a-t-elle été ajoutée ?
> – *et si* l'autoroute était élargie, quelles seraient les populations les plus touchées ?

Des logiciels spécifiques

Il existe beaucoup de logiciels de SIG, libres ou propriétaires, portables ou non (▶ fiche 3) comme ArcInfo, QGis, MapWindow. Vous pouvez consulter le site (*http://eductice.inrp.fr/EducTice/projets/geomatique/veille/sig/Logiciels-SIG/index.htm*) pour avoir une liste de ces outils et connaître leurs spécificités respectives. Pensez à consulter les sites Web qui leur sont dédiés car ils offrent souvent des liens vers des activités intégrant les SIG.

Une autre alternative aux logiciels propriétaires est l'utilisation de SIG en ligne qui s'avère être l'une des ressources les mieux adaptées à l'enseignement. En effet, le stockage et le traitement des données *via* les logiciels nécessitent des ordinateurs assez puissants, or ce n'est pas forcément une réalité dans les établissements scolaires. Les SIG en ligne simplifient les usages puisque aucune installation préalable n'est nécessaire. Voici quelques exemples :

- Geoportail est un portail cartographique en ligne (*http://www.geoportail.fr*) qui intègre des données de différents types : photos aériennes, routes, cartes IGN, parcelles cadastrales, cartes littorales, géologie, zones à risques... Il couvre l'ensemble du territoire français avec une qualité d'image constante. La richesse des couches d'informations et le jeu des échelles rendent son usage très pertinent. Sa version élaborée pour l'éducation s'appelle Edugeo, elle est disponible en ligne (*http://www.edugeo.fr*) avec abonnement.
- Google Earth est un globe virtuel très célèbre au contenu géographique très riche. Il permet de visualiser à différentes échelles les images des

principaux lieux de la planète. L'application se télécharge gratuitement (*http://earth.google.fr/download-earth.html*) puis s'exécute *via* l'icône présente sur votre bureau. Attention, une connexion Internet reste nécessaire pour lancer Google Earth.
- Google Maps est un service de carte géographique et de plan couvrant le monde entier. Il ne se télécharge pas mais se consulte directement en ligne (*http://maps.google.fr*).
- Géo Clip propose une application en ligne gratuite permettant de découvrir le territoire français (*http://www.geoclip.fr/fr/p40_atlasfrancedecouverte.php*).

EN PRATIQUE

Les outils ne manquent pas, vous n'avez que l'embarras du choix. Commencez par tester les différentes applications afin de vous approprier les interfaces. Sachez que certaines régions proposent aussi des SIG.
N'hésitez pas non plus à demander l'avis de vos collègues ou des professeurs – ressources de votre académie afin de choisir les outils qui correspondent le mieux à l'utilisation que vous en ferez. Pensez également à consulter les documents ressources disponibles en ligne, en particulier sur le site *http://eduscol.education.fr*. Pour débuter ou pour approfondir votre pratique des SIG, vous pouvez aussi demander à partir en formation quelques jours !

BON À SAVOIR

Il existe des logiciels permettant de transférer des données acquises à l'aide d'un GPS dans un format pris en compte par les SIG. Ils offrent donc la possibilité de mener un projet en deux temps : création de la base de données suivie de l'analyse à l'aide d'un logiciel SIG. GPS Babel (*http://www.gpsbabel.org*) et GPS Utility (*http://www.gpsu.co.uk*) sont deux exemples de logiciels téléchargeables gratuitement en ligne.

UTILISER LES SIG DANS L'ENSEIGNEMENT

Que dit le *Bulletin officiel* (BO) ?

Les nouveaux programmes d'histoire-géographie-éducation civique recommandent la formation des élèves aux systèmes d'informations géographiques afin qu'ils soient capables de s'en servir de façon pertinente. Ils stipulent clairement que ces outils, désormais utilisés au quotidien par beaucoup de personnes, doivent permettre de moderniser l'enseignement. Ils s'ajoutent aux documents plus traditionnels et doivent être considérés comme des dispositifs privilégiés pour aider les jeunes à mieux comprendre l'espace (se situer, localiser, analyser, expliquer).

Au travers d'activités pédagogiques utilisant les SIG, plusieurs compétences du B2i sont également mises en œuvre dans les domaines 2, 3 et 4 (▶ fiche 1).

Dans le cadre d'un projet

Les SIG constituent un outil privilégié pour répondre à des problématiques liées à l'environnement. Différentes activités pédagogiques peuvent être réalisées, voici quelques exemples :

- trouver des distances, des superficies… ;
- décrire une ville ;
- mesurer des évolutions ;
- réaliser un croquis ;
- visiter une agglomération ;
- étudier ses aménagements ;
- recueillir sur le terrain des données à l'aide d'un GPS de randonnée puis les transférer sur un PC dans un format lisible par un SIG et mener l'étude.

L'utilisation des SIG permet de mettre en œuvre des activités originales dans lesquelles l'élève doit faire preuve d'une certaine autonomie. Depuis trois ans, j'ai pu expérimenter un certain nombre de ces outils tels que Géoportail ou Google Earth. C'est avec ce dernier que j'ai, par exemple, mené une activité avec une classe de seconde pour traiter du problème entre maîtrise de l'eau et environnement. L'objectif était de réaliser un croquis expliquant la baisse du niveau de la mer Morte. Après avoir identifié les causes de ce phénomène à l'aide de documents et notamment d'articles de presse, les 29 élèves se sont rendus dans une salle informatique équipée de 22 postes. Là, grâce au logiciel Google Earth, ils ont pu d'abord repérer la région concernée puis, à l'aide du zoom qui permet facilement de changer d'échelle, ils ont pu identifier les différents espaces à représenter sur le croquis. Ce croquis devait

être illustré par quelques images satellites ou quelques photographies extraites du logiciel.

La principale difficulté dans la mise en place de l'activité porte sur l'équipement informatique, sa disponibilité et sa qualité (qualité du réseau notamment pour faire travailler plusieurs élèves sur un même logiciel). Cependant, une fois ces difficultés écartées, l'utilisation d'un SIG permet de répondre à un certain nombre d'exigences spécifiques à la géographie : repérage, changement d'échelle, identification d'espaces, de leurs fonctions et de leurs aménagements. Les SIG sont ainsi d'excellents outils pédagogiques mais qui doivent être complémentaires d'autres supports auxquels ils ne peuvent se substituer et notamment de l'analyse de documents, plus classique mais tout aussi indispensable."

Florent, professeur d'histoire-géographie en lycée

Les SIG sont destinées essentiellement à deux matières (l'histoire-géographie et les sciences de la Terre) mais ils peuvent aussi s'avérer utile pour mener à bien un projet interdisciplinaire. À titre d'exemple : lors d'une étude spécifique dans le cadre de travaux personnels encadrés (TPE), pour préparer un voyage à l'étranger (itinéraire entre le logement et le lieu de rendez-vous, situer des villes…).

Vous enseignez l'histoire-géographie et désirez moderniser vos pratiques ? Vous menez avec vos élèves des projets pour lesquels ils ont besoin de se repérer géographiquement ? Pensez à utiliser les SIG ! C'est une bonne option pour motiver vos élèves !

Fiche 23

Proposer des parcours pédagogiques différenciés

Chacun sa route, chacun son chemin

Tout enseignant constate combien un groupe d'élèves est hétérogène : âge, niveau scolaire, origine socioculturelle. Vos élèves progressent à des rythmes différents et leur processus d'apprentissage varie de l'un à l'autre. Vous devez faire en sorte d'intégrer ces éléments dans vos pratiques quotidiennes. Pour faire avancer chacun d'eux, vous cherchez des stratégies à mettre en place dans votre enseignement ? Étudions les solutions offertes par les nouvelles technologies. Pour cela, un maître mot : la pédagogie différenciée.

PRÉPARER UN PARCOURS

La pratique de la différenciation pédagogique consiste à organiser la classe de manière à permettre à chaque élève d'apprendre dans les conditions qui lui conviennent le mieux. Différencier la pédagogie, c'est donc mettre en place des dispositifs pour faciliter l'atteinte des objectifs de votre enseignement.

Il ne s'agit pas ainsi de différencier les objectifs, mais de permettre à tous les élèves d'atteindre les mêmes objectifs par des voies différentes. La pédagogie différenciée permet alors de mettre en place des groupes de besoin.

Travail préparatoire

Au début de sa préparation, plusieurs questions sont à soulever afin d'éviter de prendre une mauvaise direction. Voici une petite liste de points à vérifier :

- Quels sont vos objectifs pédagogiques ?
  Faire acquérir des savoir-faire, découvrir des notions, permettre un moment de détente…
- Comment cette activité va-t-elle s'articuler dans votre séquence pédagogique ?
  Est-ce une activité de découverte ? Un réinvestissement de connaissances déjà étudiées ? Est-ce que toute votre séquence est bâtie autour du parcours ?
- Comment allez-vous différencier le travail ?
  Les réponses seront-elles identiques ? Dépendront-elles des choix effectués par les élèves ? Apporterez-vous différents niveaux d'aide ?
- Comment allez-vous gérer le suivi des élèves ?
  Le corrigé sera-t-il proposé en direct ? Est-ce qu'un score minimum devra être atteint pour enchaîner les travaux ? Qu'allez-vous vérifier, évaluer ?
- Que vont produire vos élèves ?
  Des réponses à des exercices, un compte rendu, un débat, une carte… Comment vous transmettront-ils leur production ?

Gérer l'hétérogénéité

Il ne faut plus considérer la classe comme un bloc homogène et compact, mais comme un groupe riche de personnalités toutes différentes. L'hétérogénéité doit être perçue par vous comme une richesse, même si à bien des égards cela ne sera pas toujours facile à gérer :
- dans une classe turbulente, vous allez peut-être parfois privilégier un travail plutôt individuel car vous pensez que l'utilisation d'un support collectif risque d'être difficile à gérer. Mais ce n'est pas non plus toujours la solution ;
- dans une classe plutôt calme (voire passive), au contraire, l'exploitation d'un document au vidéoprojecteur va permettre à chacun de s'exprimer, de donner son avis et de créer une dynamique positive.

> **BON À SAVOIR**
>
> L'expression « apprentissage par la tâche » est de plus en plus utilisée en pédagogie. Pour faire acquérir à vos élèves des compétences, il faut leur permettre parfois de se confronter à des tâches complexes, dans des situations inédites. L'élève est ainsi mis au travail sur des supports de nature différente, il est guidé par une consigne globale. Ensuite, vous lui mettrez à disposition différents niveaux d'aide que vous aurez ciblés en fonction de ce dont il a besoin pour réussir. Utiliser des tâches complexes à bon escient est un outil de choix pour différencier vos pratiques.

Un bon diagnostic

Vous avez déterminé un objectif que vos élèves doivent atteindre. Pour cela, vous allez mettre en place plusieurs activités (situations des problèmes et synthèse, exercices d'entraînement, évaluation, remédiation) qui ont pour but d'amener chacun à maîtriser la compétence visée – c'est le principe du parcours pédagogique.

Rien n'interdit qu'il soit différent de par sa longueur, les aides apportées ou le thème des exercices… À ce niveau, la démarche s'inscrit dans une procédure de différenciation. Bien sûr, vous n'allez pas préparer un cours différent pour chacun ! En fonction du sujet à étudier, des acquis de vos élèves, de leurs facilités et de leurs difficultés, vous déterminerez une stratégie pour élaborer votre parcours pédagogique.

OBLIGATION DE MOYENS

Dans cette situation pédagogique, les TICE prennent tout leur sens. Les logiciels sur-mesure, la salle multimédia (fixe ou mobile) vont devenir des alliés essentiels pour le bon déroulement de la séance dans une classe organisée de façon moins traditionnelle.

Des ordinateurs pour vous assister

On peut imaginer différentes dispositions :
- un groupe d'élèves travaille au fond de la classe sur les ordinateurs portables pendant que vous vous occupez du groupe restant ;

- une salle multimédia est divisée en deux espaces de travail : une partie numérique avec les ordinateurs, une partie papier sur les tables ;
- un groupe d'élèves est envoyé au CDI.

L'ordinateur devient en quelque sorte votre doublure puisqu'il peut donner des consignes, aider vos élèves, leur proposer des exercices adaptés à leur progression… Il est ainsi un acteur essentiel dans votre classe.

Dans cette configuration de classe, le ratio professeur/élève diminue ; vous et vos élèves gagnez donc en confort de travail.

Choisir un scénario

Les espaces en ligne tels que les sites Internet, les blogs (▶ fiche 14), le cahier de textes en ligne (▶ fiche 18) vous permettent de mettre différentes sortes de documents et de ressources à disposition de vos classes. Ainsi, vous indiquez les consignes en ligne en fonction du type d'activité que vous désirez mettre en place. On peut imaginer différentes situations de travail :

- des groupes de soutien, d'entraide, de perfectionnement ;
- des supports de diverses natures : travail collaboratif (▶ fiche 19), utilisation de serious games (▶ fiche 20), d'exercices (classés par capacités ou par niveau de difficulté) choisis sur des sites d'exerciseurs ou que vous avez vous-même conçus accompagnés de documents ressources (rappels de cours, méthodes…).

> **BON À SAVOIR**
> Pensez à prévoir une catégorie du type « Pour aller plus loin » pour ceux qui avancent plus vite ainsi afin d'éviter les débordements probables d'élèves en inactivité et, éventuellement, des documents ressources (rappels de cours, méthodes…).

Avec ce scénario, l'élève peut aller travailler à son rythme et développe ses aptitudes à être autonome. De votre côté, vous devenez un guide pour vos élèves et pouvez accompagner au mieux chacun.

> **BON À SAVOIR**
>
> L'association Sésamath est à l'origine du projet « Labomep » (Laboratoire Mathenpoche), opérationnel depuis mai 2010. Vous devez vous inscrire préalablement sur le site *www.sesaprof.net* puis créer des comptes pour vos élèves. Labomep permet de construire des séances pédagogiques à partir d'exercices Mathenpoche, d'aides animées ou de méthodes des manuels Sésamath, et d'y insérer des liens vers des sites externes. Vous pouvez ensuite récupérer le bilan de vos élèves. Voilà un outil très intéressant pour les enseignants de mathématiques qui souhaitent construire, à l'aide du Web, des scénarios pédagogiques complets.

Parcours pédagogiques

Avec un espace numérique de travail (▶ fiche 16) ou une plate-forme de travail (Moodle ou Claroline par exemple), vous franchissez un palier supplémentaire pour gérer votre classe virtuelle. Ces outils parfaitement adaptés à un usage pédagogique sont composés de cours contenant divers types d'activités que vous pouvez combiner à votre guise (▶ fiche 17). Vous construisez ainsi un parcours pédagogique constitué de modules organisés selon votre progression pédagogique.

Pour cette utilisation d'un ENT, l'atout principal est le suivi de vos élèves dans leur parcours d'apprentissage. Les différentes options (en particulier la gestion de groupes, l'évaluation formative) vous permettent d'entrer plus facilement dans une démarche d'enseignement différencié.

Grâce aux TIC, les stratégies pédagogiques se multiplient. Vous pouvez concocter pour vos élèves différents scénarios pour que chacun d'entre eux soit impliqué et acteur de ses apprentissages. Certes, vous allez investir un peu de temps au départ mais nul doute que vous vous y retrouverez en observant les progrès de tous vos élèves !

Fiche 24

Évaluer
Nota bene

Ah, les notes ! Avez-vous déjà réalisé l'expérience suivante : vous et un collègue évaluez le travail d'un élève à l'aide d'une notation classique, puis comparez les résultats. Il y a fort à parier que les deux notes ne seront pas identiques. Mesurer des acquis scolaires de façon fiable, trouver une méthode pertinente pour évaluer vos élèves, évaluer différemment vos élèves, vous mettre au livret de compétences : profitez des atouts des TIC pour ouvrir de nouvelles perspectives d'évaluation. L'exercice en vaut la chandelle !

DES ÉVALUATIONS DE QUALITÉ

Sommative ou formative

Pendant longtemps, l'évaluation a été normative, cherchant exclusivement à mesurer l'écart entre les résultats des élèves et une norme. Elle s'inscrivait dans une logique de contrôle et était assimilée simplement à la notation. Une telle conception s'oppose aujourd'hui à la réflexion portée sur l'apprentissage qui reconnaît le bénéfice pédagogique du traitement de l'erreur.

L'évaluation est aujourd'hui plus que jamais un outil indispensable d'accompagnement de l'apprentissage. Vous allez donc élaborer des outils d'évaluation pour accompagner l'apprentissage de vos élèves et mesurer le chemin parcouru en cours de séquence. Selon que vous situez l'évaluation au début, pendant ou à la fin d'un apprentissage, elle n'aura pas les mêmes visées. La forme du document et son contenu seront aussi différents.

- Évaluation sommative : elle prend place généralement à l'issue d'une séquence. Dans ce contexte, vous souhaitez vérifier si l'élève a acquis ou non l'ensemble des savoirs (théoriques, méthodologiques ou pratiques).

- Évaluation formative : votre démarche consiste à guider l'élève dans son travail. Vous recueillez des informations relatives à ses difficultés d'apprentissage. Sur la base de cette interprétation vous pourrez alors adapter vos aides.
- Évaluation diagnostique : vous voulez simplement faire le point sur les préacquis de chaque élève. Ces informations vont être essentielles pour vous, afin de proposer des activités cohérentes avec les capacités réelles de vos élèves.

> **BON À SAVOIR**
>
> Les recherches les plus récentes indiquent que l'évaluation formative est un facteur clé pour améliorer la réussite des élèves. Si vous associez vos élèves au parcours d'apprentissage, en leur permettant d'évaluer régulièrement leurs progrès, alors l'évaluation aura réellement du sens et sera véritablement formatrice.

Le choix du support

Pour augmenter les chances de réussite de vos élèves, il est important de varier les types d'évaluation et les moments. Le contrôle classique sur table est la méthode la plus couramment employée pour évaluer. Avec votre logiciel de traitement de texte favori, vous éditez des évaluations de qualité, la mise en pages est soignée. Vos évaluations peuvent ainsi être archivées chaque année. Prenez le temps de vous relire et de corriger les coquilles qui s'y sont glissées par mégarde. Cela évitera des soucis !

N'abusez pas des grandes évaluations, elles prennent souvent sur votre temps propre d'enseignement. Dans une séance, vous pouvez parfois programmer un court moment d'évaluation avec un questionnaire à choix multiple (QCM). Cette évaluation, rapide à corriger, peut être réexploitée immédiatement ou lors de la séance suivante.

> **BON À SAVOIR**
>
> Selon une récente étude, les examens basés sur les QCM sont de meilleure qualité que ceux qui exigent des élèves de développer des solutions étendues aux problèmes posés. Une comparaison avec des examens plus longs prouve que les QCM sont équivalents quant à l'évaluation des performances relatives des élèves. De plus, ce type de questionnaire présente des avantages supplémentaires. Il facilite les évaluations dans les grandes classes, réduit les ambiguïtés et les incohérences entre les correcteurs, et diminue de façon drastique le nombre d'élèves contestant les corrections.

Des logiciels d'édition de QCM de très bonne facture sont disponibles gratuitement. Les logiciels canadiens Netquizpro (*http://www.ccdmd.qc.ca/ri/netquizpro/*) et Hotpotatoes (*http://hotpot.uvic.ca/*) sont particulièrement intéressants, mais il en existe bien d'autres. La plupart permettent de faire des quiz sommatifs ou formatifs et de constituer des bases de questions. Une fois vos questionnaires enregistrés, ils peuvent fonctionner en local sur un ordinateur portable, être installés sur le réseau de votre établissement, mais également être mis en ligne sur votre site Internet.

> **BON À SAVOIR**
> Des boîtiers de vote électronique sont utilisés parfois et souvent couplés à un tableau numérique interactif (▶ fiche 12). Le système paraît adapté, en particulier, pour une évaluation de connaissances rapide en début de cours ou pour faire le point sur un sujet précis, par exemple au lycée où les évaluations sont souvent moins nombreuses qu'au collège. Chaque élève est associé à un numéro de boîtier. Ils offrent la possibilité d'évaluer instantanément le niveau de compréhension de vos élèves par rapport à une notion. Vous pouvez alors adapter le déroulement de votre séance, en temps réel. Tout le monde répond de manière anonyme ou identifiée, mais chacun se fait entendre (même les plus timides). Et pourquoi ne pas utiliser les boîtiers de vote que vos élèves possèdent déjà : les téléphones portables ? Il existe des dispositifs qui permettent d'exploiter les SMS envoyés par vos élèves.

LES RÉSULTATS

L'une des difficultés de votre métier d'enseignant est de restituer les résultats de vos évaluations sous une forme autre qu'une simple moyenne arithmétique. Exploiter les résultats de chacun, faire des observations objectives pour permettre à vos élèves de progresser.

Mise en forme

Depuis que j'enseigne, j'ai toujours vu comme un souci, voire une frustration, l'évaluation des élèves, surtout depuis que j'évolue en collège. Partagée entre le refus de mettre un zéro à une copie et le constat de collégiens tentés par la copie blanche, il me fallait trouver des solutions !

Mais comment évaluer correctement les acquis de mes élèves ? Comment valoriser équitablement leur travail ?

Pour donner davantage de sens à mes évaluations (pour moi et mes élèves), j'ai commencé timidement par ajouter un tableau de compétences sur chacun de mes sujets édités sous traitement de texte. Rapidement, je me suis aperçu qu'ensuite il était difficile de restituer une synthèse lisible pour une série d'évaluations sur une période. Au final, peu d'élèves étaient réellement impliqués dans cette nouvelle démarche.

Il y avait donc deux pistes encore à travailler.

Concernant l'implication des élèves, ça a été assez facile. À mi-parcours sur une notion nouvelle ou en fin de séquence, les élèves font eux-mêmes un bilan des compétences sur ce qui a été vu ; je les guide bien sûr. Ils savent aussi qu'automatiquement, ils seront évalués sur leur investissement pendant le devoir surveillé. Une compétence "chercher, essayer" est systématiquement prise en compte dans le barème. Plus de copies blanches en perspective !

Quant à la saisie et l'exploitation, j'ai abandonné le tableur, pour utiliser maintenant la plate-forme SACoche (http://competences.sesamath.net/) qui permet d'avoir un référentiel de base modulable à souhait. Chaque compétence peut conduire à des paliers de validation. À l'issue de la saisie, je dispose d'un tableau de synthèse pour chaque élève, où sont répertoriés les items, le pourcentage de validation par item et éventuellement une note globale (qui rassure ou pas l'élève).

Les élèves bien qu'attachés à la note finale sont désormais intéressés aussi par le contenu associé à cette note. Ils ne parlent plus de "points par exercice" et sont devenus capables de dire quelle compétence est évaluée dans les différents exercices du sujet proposé.

Ce système me permet parfois de ne pas prendre en compte certaines évaluations. Tous les élèves ne sont pas prêts en même temps. Récemment, sur l'addition et la soustraction des relatifs en 5e, tous les élèves n'ont pas validé les compétences attendues ; ils ont eu leur bilan mais seront retestés afin de valider ces notions.

Le dernier point est la possibilité d'exploitation de tous ces résultats stockés. Faire un bilan sur les compétences du socle commun devient plus facile à faire avec SACoche. La remédiation pour les élèves en difficulté se trouve également facilitée.

Mais il est évident que dès que le pas est franchi, on n'a pas du tout envie de revenir en arrière !"

Rachel, professeur de mathématiques en collège

L'usage du tableur offre une possibilité d'analyse des données. Il permet, sous forme de tableaux de statistique, de représenter visuellement une cartographie de compétences d'un élève. Au premier coup d'œil, il analyse sa situation et va donc au-delà des traditionnelles notes.

Cartographie de compétences

	ExpSch	CultSc	Calc	LFr	Citoy	Conn	Appl	Rais	Total	Moyenne
1- TP Masse volumique	5/6				2/2				7/8	
2-	1/4	10/21	0/17	4/4	4/4	8/15	3/10	0/17	19/50	
3-		6/11	2/6	2/2	1/1	4/4	2/4	2/9	11/20	
Attitude et initiatives					5/6				5/6	
Attitude et motivation					4/6				4/6	
Dossier Énergie			2/4	3/4	3/4				8/12	
Exo A123			10/15	5/16	2/3	2/2	10/15	3/13	2/3	19/36	
Tensions alternatives	10/10	6/6	3/6	3/4	3/4	11/11	8/11		25/30	
	ExpSch	CultSc	Calc	LFr	Citoy	Conn	Appl	Rais	Total	Moyenne
BILAN	16/20	34/57	10/45	14/17	24/29	33/45	16/38	4/29	98/168	11.7/20

Exploitation

Une exploitation statistique de vos résultats d'évaluation permet de produire des diagrammes pertinents. Des connaissances approfondies en tableur ou en programmation permettent de générer des graphiques. Les deux exemples représentent le profil de compétences de deux élèves, comparés au profil moyen du niveau. Avec ce genre de représentation, on donne du sens aux évaluations : on ne compare plus des moyennes, mais on centre la discussion sur les compétences maîtrisées et l'analyse des difficultés de chaque élève. Deux élèves peuvent avoir des moyennes voisines et des profils de compétences différents.

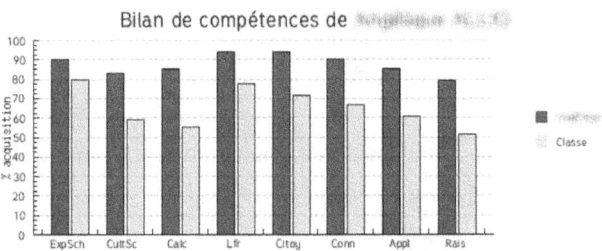

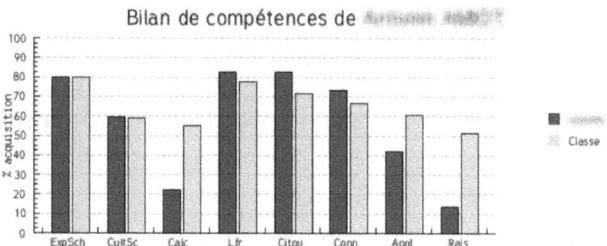

Dans le même esprit, des graphiques peuvent également permettre de comprendre le degré d'acquisition d'une classe relativement à une compétence. Un profil de classe par compétence peut révéler la répartition des élèves selon le degré d'acquisition. Cette analyse permet de faire des constats précis sur le comportement d'un groupe mais surtout d'orienter une remédiation future.

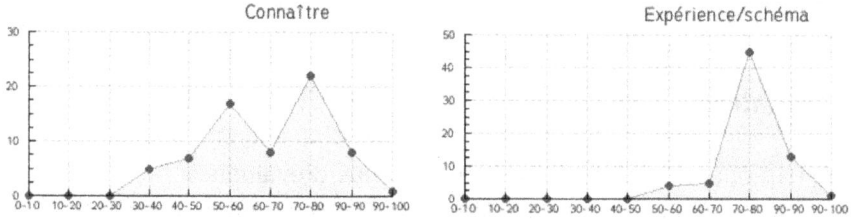

> **BON À SAVOIR**
>
> Si vous êtes un adepte des copies numériques (documents élèves sauvegardées en pdf, par exemple), des logiciels performants vous offrent la possibilité d'annoter et de commenter les copies. PDF-XChange Viewer est une visionneuse de fichiers pdf et ce logiciel dispose d'une multitude d'outils. Des extraits de copies peuvent ainsi être présentés, analysés en classe dans le cadre d'une correction.

Évaluer n'est plus une simple activité pour rendre des notes mais devient un véritable outil de travail et d'accompagnement de vos élèves. Modifiez vos formes d'évaluation — vos documents doivent être conçus en conséquence. Travaillez avec vos collègues ! L'évaluation est un vaste chantier...

Fiche 25

Développer un environnement personnel d'apprentissage

Mon incroyable talent

Depuis déjà des années, les enseignants nord-américains et canadiens utilisent des e-portfolios pour leur enseignement. Cette idée se propage aussi dans le système éducatif européen, notamment dans le domaine des langues. Cela n'est pas sans susciter des questions. Quelle procédure faut-il observer pour composer un e-portfolio ? Est-il un soutien pour l'élève dans ses études ou sert-il d'instrument d'évaluation à l'enseignant ? Quel dispositif mettre en place ?

PRINCIPE DE BASE

Centré sur l'élève

Deux concepts définissent l'idée : le portfolio et l'environnement personnel d'apprentissage (EAP).

- Un portfolio est défini comme une collection de travaux, qui exposent et reflètent les efforts, les progrès et les prestations de l'élève. Le portfolio devient électronique lorsqu'il utilise les nouvelles technologies. Celles-ci permettent à l'élève ou à l'étudiant de rassembler et d'organiser des documents de portfolio se composant de différents types de médias (audio, vidéo, graphique, texte).
- Avec le développement des services associés au Web 2.0, un nouveau dispositif, voisin du concept de portfolio, se développe : l'EAP. Le concept d'EAP est souvent présenté comme une alternative (ou une complémentarité, c'est selon) aux ENT.

> **BON À SAVOIR**
>
> Un ENT (▶ fiche 16) est constituée d'un portail qui permet aux élèves d'accéder, après identification, à des informations, des contenus multimédia qui lui sont dédiés. Des outils collaboratifs (▶ fiche 19) accessibles lui permettent de travailler et d'apprendre. Les pratiques restent encadrées, ne laissant que peu d'initiatives et de liberté aux élèves. Avec l'approche e-portfolio ou EAP, le point de départ est, au contraire, de se centrer sur les pratiques personnelles de chaque élève. L'EAP lui fournit la possibilité et la responsabilité de gérer son propre contenu. Sa capacité à choisir ses ressources, à organiser ses apprentissages, à saisir les opportunités d'apprendre est ainsi développée et mise en évidence.

Nouvelles fonctions

Le portfolio ne se réduit pas à un simple dossier dans lequel on archive des documents sans liens entre eux. Mais, au contraire, il doit remplir des fonctions bien précises :

- lieu d'archivage des travaux, un lieu de réflexion, de suivi et d'évaluation ;
- moyen de communication avec les parents, les enseignants ;
- outil dynamique qui permet de suivre la progression d'un élève dans ses apprentissages ;
- méthode d'apprentissage qui facilite l'évaluation, puisqu'il permet à l'enseignant d'avoir une vue globale des progrès de l'élève.

Il est à noter que le portfolio s'inscrit dans le courant de l'évaluation des compétences, donc en pleine actualité. Les portfolios contiennent des travaux, des idées et des opinions que les élèves estiment présentables. À l'inverse des contrôles traditionnels, les élèves sont en situation de décider eux-mêmes ce qu'ils veulent présenter et sont ainsi à même d'exposer activement leurs compétences.

La création de portfolios électroniques permet d'exploiter des connaissances en informatique. L'e-portfolio permet de présenter ses connaissances sous toutes les formes d'expression multimédias. Des types de données comme l'image, le son, le graphique et la vidéo peuvent documenter les applications et travaux réels alors que ces modalités sont inaccessibles avec le portfolio basé sur le texte.

INTÉRÊTS PÉDAGOGIQUES

Types de portfolios

Selon vos besoins et vos attentes, vous pouvez développer le concept de portfolio sous plusieurs formes[1]. Chaque type de portfolios a des caractéristiques et des fonctionnalités différentes :

- le portfolio d'apprentissage : l'étudiant y conserve tous ses travaux, en cours de réalisation ou terminés, ainsi que les commentaires sur ces travaux. Certains travaux sont choisis par l'étudiant, d'autres sont sélectionnés conjointement avec l'enseignant ;
- le portfolio de présentation : il montre les meilleures productions de l'étudiant. En sélectionnant ses meilleures œuvres à partir de son dossier d'apprentissage et en justifiant ses choix, l'étudiant apprend à porter un regard critique et réflexif sur son travail ;
- le portfolio d'évaluation sert à jauger le niveau de compétences de l'étudiant en fonction du référentiel des compétences propre à votre discipline. La pratique du portfolio s'inscrit alors dans un processus d'évaluation formative.

Vers une pratique réflexive

Le portfolio est particulièrement approprié quand il s'agit de se pencher de manière critique sur ses propres expériences et ses propres positions, et de réfléchir à son propre processus d'apprentissage. Les élèves réfléchissent sur leurs succès, leurs méthodes, leurs problèmes et leurs objectifs d'apprentissage. Un bilan intermédiaire régulier leur permet d'adapter le cas échéant le chemin qu'il reste à parcourir.

- Le fait que l'apprenant détermine lui-même le choix des travaux qu'il présente dans le portfolio crée un climat stimulant pour l'apprentissage en raison d'une orientation scolaire renforcée.
- Le portfolio peut être compris comme un instrument d'appréciation alternatif ou comme une méthode complémentaire pour l'appréciation du résultat, dans la mesure où c'est précisément une autre compétence clé comme l'autonomie qui fait son apparition.

---

1. Voir les travaux de Robert Bibeau : *http://www.robertbiteau.ca/portfolio.html*.

Ouverture vers l'extérieur

L'utilisation du portfolio numérique favorise également un dialogue entre élèves, impossible dans le cas de portfolios écrits. Des commentaires et des discussions peuvent être ainsi conduits sur les sujets d'actualités.

Dans la partie publique de l'e-portfolio, on peut, comme sur un blog, poser des questions à des enseignants. Les réponses et les solutions éventuelles qui sont proposées conservent cette forme numérique et peuvent de la sorte devenir disponibles pour d'autres. Le transfert de connaissances a lieu, dès lors, dans toute une classe, ou tout au long d'un semestre et l'e-portfolio de chacun devient, dans la somme qu'il forme avec les autres, un espace de connaissances virtuel.

QUELLE APPLICATION ?

Voici des exemples d'applications Web de création de portfolio électronique. L'installation et la gestion de ces outils sont similaires à tout logiciel en ligne (▶ fiche 14). Toute personne capable de gérer une application, peut également administrer ce genre de dispositif.

Plate-forme ou blog

Une fois inscrits et validés par l'administrateur, les utilisateurs alimentent leur environnement d'apprentissage personnel, commentent leurs propres contenus et celui des autres. Les contenus peuvent être publics et donc lisibles par tout le monde, ou au contraire réservés à des groupes d'élèves et d'enseignants.

- Mahara (*http://mahara.org/*) offre plusieurs fonctions de présentation des portfolios en plus de permettre des interactions et des liens sociaux entre les utilisateurs. De plus, Mahara est compatible avec la plate-forme Moodle.
- L'application Elgg (*http://www.elgg.fr/*) est conçue avant tout pour privilégier les interactions sociales des auteurs des contenus des portfolios. Elle offre un très grand niveau de contrôle des contenus, des interactions et des liens sociaux entre les utilisateurs, et gère aussi la création de groupes d'utilisateurs.
- PERLE (portfolio électronique réflexif pour l'apprentissage des élèves) est un portfolio de travail collaboratif. Après la création du travail, l'élève

se voit demander de réfléchir sur sa performance et les stratégies utilisées, afin d'utiliser cette réflexion pour apporter les correctifs nécessaires lors du prochain travail (*http://grover.concordia.ca/epearl/promo/fr/epearl.php*).

- Eduportfolio (*http://eduportfolio.org/*) est une application gratuite en ligne (pas d'installation ni de configuration à prévoir) directement opérationnelle. Vous pouvez créer un portfolio ou un groupe de portfolio (pour votre classe) en remplissant le formulaire en ligne. Il dispose de moins d'outils que les précédents, mais sa facilité d'utilisation permet un usage et une prise en main rapide.

> **BON À SAVOIR**
> Une application de type blog (▶ fiche 14) peut également servir à élaborer un portfolio personnel. La grande force du blog, c'est la visibilité du processus d'écriture. Si l'on considère le portfolio d'apprentissage, le blog est particulièrement adapté. Dès que l'on se dirige vers une forme d'évaluation et de certification, il manque alors le lien avec le référentiel de compétences et les divers instruments d'évaluation-certification.

Quel modèle ?

Faut-il choisir un portfolio que l'élève élabore en suivant une démarche stricte et précise, établie à l'avance, comprenant des fiches à remplir, des grilles d'observation, ou un modèle plus souple, plus ouvert, que l'élève meuble à sa convenance et construit au fur et à mesure de ses expériences, de ses activités et de ses projets ? Ce choix dépend beaucoup du profil didactique de l'enseignant et du profil cognitif de l'élève.

Adhérez plutôt aux trois portfolios distincts : l'e-portfolio d'apprentissage, où l'élève conserve les travaux en cours de réalisation ainsi que les traces de sa démarche ; l'e-portfolio de présentation, où il affiche ce qu'il fait, où il expose qui il est ; et l'e-portfolio d'évaluation, où il s'autoévalue, où il reçoit l'appréciation des autres.

Le portfolio doit être au final :

- un instrument au service de l'enseignant, lui servant à faire l'évaluation de ses étudiants ;
- un outil au service de l'apprenant pour l'aider à assumer ses apprentissages ;
- un moyen d'évaluation ou un dispositif de formation et de présentation.

Pour valoriser les travaux de vos élèves et garder une trace de la démarche suivie par vos élèves, pour évaluer les productions, mais aussi sa capacité d'analyse sur ses propres apprentissages, le portfolio numérique est l'outil idéal. À vous de trouver le système adapté à vos élèves !

Glossaire

AFNIC (Association française pour le nommage Internet en coopération) : association habilitée à commercialiser des noms de domaine.

B2i (Brevet informatique et Internet) : brevet dont l'objectif est d'attester le niveau acquis par les élèves dans la maîtrise des outils multimédia et de l'Internet.

CFC (Centre français d'exploitation du droit de copie) : société de gestion collective pour la reproduction par reprographie de la presse.

Chaîne éditoriale : logiciel de production de contenus multimédia.

CLUF (contrat de licence utilisateur final) : contrat liant une personne installant un logiciel affecté par ce type de licence sur un/son ordinateur et l'éditeur du logiciel.

CMS (*Content Management System*) : logiciels permettant la création et la mise à jour d'un site Internet sans connaissances techniques particulières.

CNIL (Commission nationale de l'informatique et des libertés) : autorité administrative indépendante chargée de faire respecter la loi Informatique et Libertés du 6 janvier 1978.

Code source : ensemble d'instructions écrites dans un langage de programmation informatique permettant d'obtenir un programme pour un ordinateur.

CPI (Code de la propriété intellectuelle) : texte regroupant toutes les dispositions législatives et réglementaires relatives à la propriété littéraire et artistique.

e-learning : utilisation des nouvelles technologies multimédia de l'Internet pour améliorer la qualité de l'apprentissage.

EAP (environnement personnel d'apprentissage) : alternative ou complémentarité aux environnements numériques de travail (ENT).

ENT (environnement numérique de travail) : portail accessible par Internet qui assemble l'ensemble des services numériques adaptés aux catégories d'utilisateurs.

FAI (fournisseur d'accès à Internet) : société chez laquelle vous payez un service vous permettant de vous connecter à Internet.

FOAD (formation ouverte et à distance) : formation individualisée associant des moyens traditionnels (cours par correspondance, supports audio-vidéo) aux nouveaux dispositifs offerts par les nouvelles technologies (vidéoconférences, classe virtuelle…).

FTP (*File Transfert Protocol*) : protocole FTP permettant de transmettre des fichiers sur Internet.

GNU ou GPL (licence publique générale) : licence fixant les conditions légales de distribution des logiciels libres du projet GNU.

HDMI (*High Definition Multimedia Interface*) : prise permettant d'afficher une image haute définition sur tout périphérique compatible avec le format HDTV (télévision haute résolution).

html (*HyperText Markup Langage*) : langage dans lequel sont écrites les pages du Web.

INPI (Institut national de la propriété industrielle) : établissement public français chargé de la gestion des marques et des brevets.

LCEN (loi pour la confiance dans l'économie numérique) : loi française sur le droit de l'Internet donnant les directives concernant le commerce électronique.

MP3 (*Motion Picture Expert Group - Audio Layer 3*) : nom du format utilisé pour désigner les fichiers contenant du son compressé.

pdf (*Portable Document Format*) : format de fichier créé par Adobe permettant de visualiser et d'imprimer un fichier sur n'importe quelle plateforme *via* l'outil Acrobat Reader.

PHP (*HyperText Preprocessor*) : langage s'exécutant côté serveur et générant du code html, essentiellement utilisé pour produire des pages Web dynamiques.

POP (*Post Office Protocol*) : protocole permettant d'aller récupérer son courrier sur un serveur distant (le serveur POP). Il gère aussi l'authentification à l'aide d'un nom d'utilisateur et d'un mot de passe (exemple : pop.wanadoo.fr).

RAM (*Random Access Memory*) : mémoire vive, elle permet de stocker les données des programmes en cours d'exécution sur un ordinateur.

RIP (reconnu d'intérêt pédagogique) : marque déposée par le ministère de l'Éducation nationale destinée à guider les enseignants dans le monde du multimédia pédagogique.

RSS (*Really Simple Syndication*) : fichier xml reprenant les informations d'un site (titre, description...) utilisé pour la syndication de contenu Web.

SACEM (Société des auteurs, compositeurs et éditeurs de musique) : société de gestion des droits d'auteur.

SE (système d'exploitation) – OS (*Operating System*) : système assurant la liaison entre les ressources matérielles, l'utilisateur et les applications logicielles.

SIG (systèmes d'informations géographiques) : système informatique qui permet de traiter de l'information géographique.

SMTP (*Simple Mail Transfer Protocol*) : protocole standard permettant de transférer le courrier entre deux serveurs de messagerie – celui de l'expéditeur et celui du destinataire (exemple : smtp.wanadoo.fr).

SWF (*ShockWave Flash*) : extension de fichier écrit en flash.

TBI (tableau blanc interactif) – TNI (tableau numérique interactif) : tableau blanc fonctionnant en association avec un ordinateur et un vidéoprojecteur offrant des fonctionnalités innovantes et interactives.

URL (*Uniform Resource Locator*) : chaîne de caractère désignant l'adresse complète d'une page Web, telle qu'indiquée dans la barre d'adresse du navigateur.

USB (*Universal Serial Bus*) : norme permettant de connecter des périphériques sur un ordinateur de bureau.

WiFi : protocole de réseau sans fil permettant de relier plusieurs ordinateurs en réseau et de se connecter au Web lors de déplacements.

xml (*eXtensible Markup Language*) : langage voué à la manipulation des données portant sur le contenu d'un document, et pas uniquement sur son apparence.

Sitographie

S'INFORMER, SE FORMER

http://eduscol.education.fr
http://logicielseducatifs.qc.ca/
http://national.pairformance.education.fr/
http://twitter.com
http://www.educnet.education.fr
http://www.elllo.org
http://www.framasoft.net/
http://www.reussirlecolenumerique.fr/
http://www2.c2i.education.fr/

SÉCURITÉ, DROIT

http://fr.creativecommons.org/
http://www.cfcopies.com/V2/
http://www.educnet.education.fr/legamedia/legapratique/contrats-et-modeles
http://www.mineurs.fr/
http://www.passwordmeter.com/
http://www.secuser.com
http://www.Webaverti.ca/

UTILITAIRES

Audio, vidéo

Audacity : *http://audacity.sourceforge.net/*
Moviemaker : *http://www.microsoft.com/france/windows/xp/experiences/moviemaker/default.mspx*
Pinnacle Studio : *http://www.pinnaclesys.com/*

Cahier de textes en ligne

Cahier de textes : *http://www.etab.ac-caen.fr/bsauveur/cahier_de_texte*
http://www.cahierdetexte.com
GEPI : *http://gepi.mutualibre.org*
Gestclasse : *http://gestclasse.free.fr/*

Conception d'animations, de jeux sérieux

Claroline : *http://www.claroline.net/*
Dokéos : *http://www.dokeos.com/fr*
E-anim : *http://www.e-anim.com/*
http://www.gamemaker.fr/ ; *http://scratch.mit.edu/* ; *http://tangara.colombbus.org*
ENT : *http://www.educnet.education.fr/services/ent/*
Moodle : *http://moodle.org/*

Gestion de matériel

Grr : *http://grr.mutualibre.org/*

Images

Gimp : *http://www.gimp.org/*
Photofiltre : *http://photofiltre.free.fr/*
Photoshop : *http://www.adobe.com/fr/products/photoshop*

Imitation TNI

Gribouille : *http://www.spip-contrib.net/Gribouille*
Pointofix : *http://www.pointofix.de/*
Sankore : *http://www.sankore.org/*

Lecture

Adobe Reader : *http://get.adobe.com/fr/reader/*

PAO

InDesign : *http://www.adobe.com/fr/products/indesign/*
http://www.freeserifsoftware.com/default.asp
Quark XPress : *http://euro.quark.com/fr/*
Publisher : *http://office.microsoft.com/fr-fr/publisher*
Scribus : *http://www.scribus.net/*

Podcast

iTunes : *http://www.apple.com/fr/itunes/download/*
Juice : *http://juicereceiver.sourceforge.net/*

Portfolio

Eduprotfolio : *http://eduportfolio.org/*
Elgg : *http://www.elgg.fr/*
Mahara : *http://mahara.org/*
Perle : *http://grover.concordia.ca/epearl/promo/fr/index.php*

QCM

Hot Potatoes : *http://hotpot.uvic.ca/*
Netquizpro : *http://www.ccdmd.qc.ca/ri/netquizpro/*

SIG

http://eductice.inrp.fr/EducTice/projets/geomatique/veille/sig/Logiciels-SIG/index.htm
http://maps.google.fr
http://www.edugeo.fr ; *http://earth.google.fr/download-earth.html*
http://www.geoclip.fr/fr/p40_atlasfrancedecouverte.php
http://www.geoportail.fr
http://www.gpsbabel.org ; *http://www.gpsu.co.uk*

Transfert de fichier

FileZilla : *http://www.filezilla.fr/*

Vidéo-conférence

Skype : *http://www.skype.com/intl/fr/home/*
Windows Live : *http://www.windowslive.fr/messenger/*

RESSOURCES PÉDAGOGIQUES

Animations multimédia

http://www.canal-u.tv
http://www.curiosphere.tv
http://www.edumedia-sciences.com/
http://www.lelivrescolaire.fr/
http://www.lesite.tv

Jeux sérieux

http://www.ademe.fr/particuliers/jeu2/ADEME/ECOVILLE-2/index.html
http://www.cyber-budget.fr/jeu/index.html
http://www.2025exmachina.net/jeu

DIFFUSION, PARTAGE

Chaînes éditoriales

ChaineEdit : *http://www.chainedit.fr/*
Exelearning : *http://exelearning.org/*
Opale : *http://scenari-platform.org/projects/opale/fr/pres/col*

Documents

http://docs.google.com/
http://fr.calameo.com/
http://www.scribd.com/
http://www.symbaloo.com/

Signets, flux RSS

http://delicious.com/
http://www.diigo.com/
http://www.netvibes.com/netvibesfr

Vidéos

http://vimeo.com/
http://www.dailymotion.com/fr
http://www.youtube.com/?gl=FR&hl=fr

CRÉER SON SITE WEB

Hébergeurs

http://www.online.net/
http://www.ovh.com/fr

CMS

http://drupalfr.org/
http://ez.no/fr/
http://www.joomla.fr/
http://www.typo3.fr/
http://www.wordpress-fr.net/

DANS LA MÊME COLLECTION :

Doper sa carrière d'enseignant, Catherine Coudray-Betoulle

Être l'acteur de son cours, Cécile Berthier-McLaughin
et Michèle Harfaut

Aider les élèves en difficulté, Sandrine Maury

Travailler et faire travailler en équipe,
Estelle Mathey et Florence Mérillou

Cours et supports : l'art de préparer sa classe, Pascal Bihouée

Gérer les conflits au collège et au lycée, Laurent Le Bars

Enseigner les sciences et technologies autrement,
Bruno Dey et Marianne Milan-Frechi